古典文獻研究輯刊

十六編

潘美月・杜潔祥 主編

第25冊

先秦符節研究（上）

洪德榮 著

國家圖書館出版品預行編目資料

先秦符節研究（上）／洪德榮　著 — 初版 — 新北市：花木蘭
文化出版社，2013〔民 102〕
目 8+168 面：19×26 公分
（古典文獻研究輯刊 十六編；第 25 冊）
ISBN：978-986-322-176-0（精裝）
1. 古器物　2. 先秦
011.08　　　　　　　　　　　　　　　　　　　102002363

ISBN-978-986-322-176-0

9 789863 221760

古典文獻研究輯刊
十六編　第二五冊　　　　　　　ISBN：978-986-322-176-0

先秦符節研究（上）

作　　者　洪德榮
主　　編　潘美月　杜潔祥
總 編 輯　杜潔祥
企劃出版　北京大學文化資源研究中心
出　　版　花木蘭文化出版社
發 行 所　花木蘭文化出版社
發 行 人　高小娟
聯絡地址　235 新北市中和區中安街七二號十三樓
　　　　　電話：02-2923-1455／傳真：02-2923-1452
網　　址　http://www.huamulan.tw 信箱 sut81518@gmail.com
印　　刷　普羅文化出版廣告事業
初　　版　2013 年 3 月
定　　價　十六編 30 冊（精裝）新台幣 50,000 元　　　版權所有·請勿翻印

先秦符節研究（上）

洪德榮　著

作者簡介

洪德榮，出生於台灣雨港基隆，現旅居於後山淨土花蓮。世新大學中文學士、東華大學中文碩士，現就讀東華大學中文所博士班，師事許學仁先生。碩士論文《先秦符節研究》，研究方向為古文字學、戰國文字、古書文獻學、出土文獻。期望未來的學術旅途上，在號稱「難讀」的古文字中找尋「新意」；在「浩瀚」的傳世典籍中看見「疑問」；在不斷「出新」的出土文獻中發掘「原貌」，將「古文字」、「傳世典籍」、「出土文獻」結合起來，實踐「人一能之，己百之，人十能之，己千之」的精神，以成「千里之行」。

提　　要

　　本論文定名為「先秦符節研究」，旨在對於先秦至秦代相關的符節器物進行整理，對文字、器物形制、歷史制度進行研究。本論文分為上編「研究編」，共有五章，第一章為研究動機、研究方法，說明本研究有助發掘符節研究的價值；第二章則對「符節」的名義問題進行分析，可知「符」和「節」是名義不同的二類器物，而「符節」是統稱；第三章共收錄先秦符節三十器，及附錄偽器考辨六器，進行校釋彙編，包含最為重要的古文字、著錄、器形等方面予以整合研究；第四章對前三章進行統整，並討論關於文字國別、傳世文獻中的制度、虎符辨偽等問題；第五章為結論，回顧各章研究成果。

　　下編「著錄編」，收集先秦符節著錄專書，對其中著錄予以整理，並製作「著錄總表」以各器為主體，將著錄書目、著錄器名及現今典藏地予以詳細羅列、「研究文獻要目」則蒐集自民國以來對先秦符節進行研究的論文、專書及學位論文詳細資料，編纂關於先秦符節研究的詳盡目錄，以供研究者參考索引。

　　本文期望從「研究」、「著錄」、「集釋」三個方面，對於先秦符節提供完整細緻的研究成果。

目

次

上編　研究編

第一章　緒　論

　　符節的流傳由來已久，從《周禮・地官・司徒第二・掌節》中即有關於符節的記載：

> 掌節，掌守邦節而辨其用，以輔王命。守邦國者用玉節；守都鄙者用角節。凡邦國之使節，山國用虎節；土國用人節；澤國用龍節，皆金也，以英蕩輔之。門關用符節；貨賄用璽節；道路用旌節，皆有期以反節。凡通達於天下者必有節，以傳輔之，無節者有幾則不達。〔註1〕

　　按《周禮》所述，符節在不同地理環境的國別有「虎節」、「人節」、「龍節」形狀上的不同；在不同場合的應用上有「符節」、「璽節」、「旌節」的差異，略可窺見符節在形制與應用上的多種變化，《周禮》所述雖然不一定能全然反映先秦對於符節的使用情況，但符節在國家行政制度上扮演了相當程度的角色，卻是由此可窺知。目前實物尚存與僅見於著錄的符節，與同是青銅器的鐘、鼎、簋等器，在保存狀況、數量方面相較，雖然不及其百分之一，但在古文字、歷史制度、文化意義的研究上，符節亦有其不可忽略的價值。

第一節　研究動機與目的

一、研究動機

　　近年出土文獻材料的蜂擁而出與相關學術研究的蓬勃發展可說是前所未

〔註1〕　〔漢〕鄭玄注、〔唐〕賈公彥疏：《周禮注疏》，台北：藝文印書館，1979年，卷十五，頁 10～13，總頁 230～232。

見，如自西元 2001 年陸續出版的《上海博物館藏戰國楚竹書》、西元 2011 年出版的《清華大學藏戰國竹簡（壹）》〔註2〕，都大力推進對於古書文獻面貌的復原深究、古史流傳不同面向的發掘，其中古文字的推勘對比，使研究者對文字的認識探究更加精進，對學術發展的一日千里是非常可喜的現象。但隨著古文字研究焦點轉移至新出的楚簡材料上，相對來說許多出土時間較早或傳世已久的材料，研究關注的力度略顯不足，筆者於碩士論文定題立志擬以戰國文字研究爲核心，兼及材料分析及資料收集的能力訓練，許學仁師即提示以「符節」爲題，時代範圍則鎖定在先秦戰國之器，言符節之器雖小但意蘊豐富，集文字、制度、工藝等研究面向，細細分析整理、明辨慎思之後，對於學識的增進上必有所得。而經筆者著手對於符節相關資料的蒐羅整理之後發覺，相對於斷代銅器的整體研究，或單一類型銅器的整理研究，數量較少的先秦符節缺乏總體的分析與考釋研究，並且尚未見以「先秦符節」爲題之學位論文，對於此一論題的挑戰性與價值深感重要，遂以「先秦符節」爲題，撰寫本文。

二、研究目的

誠如許師所言，先秦符節之器因應用之故，形制多半較小，也因時代久遠，傳世的數量並不多。而本論文撰寫的目標，期望兼具下述五項要點：

（一）戰國文字考釋
（二）先秦符節形制考述整理
（三）先秦符節著錄統整補苴
（四）編輯先秦符節研究文獻要目
（五）編纂《鄂君啓節》研究文獻集釋

（一）戰國文字考釋：先秦符節多半形制較小，銘文字數亦多在四到十字左右，但如《辟大夫虎符》、《鷹節》的銘文考釋與文意仍有深究的空間，對於銘文的研究考釋爲本論文撰寫的焦點。（二）先秦符節形制考述整理：先

〔註2〕 《上海博物館藏戰國楚竹書》由上海博物館收藏整理，上海古籍出版社出版，自 2001 年起迄今出版八冊，而竹書材料豐富的內容除了對古文字的研究有直接的幫助外，對周邊相關的學科研究亦大有助益，自上博楚竹簡出版後成爲學者研究的焦點，以上博楚竹書內容爲題的學位論文、學術論文亦不下百篇。《清華大學藏戰國竹簡（壹）》由清華大學出土文獻研究與保護中心整理收藏，上海中西書局於 2011 年 1 月出版。

秦符節之形制可謂多樣，有虎、鷹、雁、熊、馬等形，在國別及應用上本論文作綜合的考論，期以發明先秦符節之制。（三）先秦符節著錄統整補苴：從清代以來學者所編著的金文圖錄、金文目錄中，《虎符》、《龍節》等器經常被著錄，如羅振玉先生《歷代符牌圖錄》、《三代金文存》；劉體智先生《小校經閣金石文字》等重要金文圖錄，先秦符節的著錄散見於其他金文圖錄中，而符節著錄資料的統整補苴，對學者查閱相關圖錄大有助益。（四）編輯先秦符節研究文獻要目：編輯文獻要目爲從事研究之基礎工作，於撰寫論文之過程中對先秦符節研究文獻之蒐羅，進而編輯爲研究文獻要目，以供研究者參考，以饗學術同好。（五）編纂《鄂君啓節》研究文獻集釋：《鄂君啓節》爲迄今所發現銘文字數最多，記載內容深具戰國楚地關於官制、歷史、地理之研究價值的符節，自 1957 年出土以來至今，相關的研究文獻已逾六十餘篇，本論文擬以集釋之方式，將收錄完整之研究文獻依銘文逐句逐字予以梳理編纂，提供研究者參閱。〔註 3〕

第二節　研究範圍和方法

一、研究範圍

　　本論文定題爲「先秦符節研究」，所研究之材料範圍爲「符」、「節」，材料時代則聚焦在「先秦」，《漢書·河間獻王傳》：「獻王所得書皆古文先秦舊書，《周官》、《尙書》、《禮》、《禮記》……」，顏師古注云：「先秦，猶言秦先，謂未焚書之前。」〔註 4〕則此一「先秦」定義則大略包括了秦一統天下以前的時間，而比較細的時間斷代，本文引用《殷周金文集成》對銅器時代的斷代：

　　　　戰國　西元前 475～222 年
　　　　戰國早期　西元前 475～前 4 世紀中葉
　　　　戰國晚期　西元前 4 世紀中葉～前 222 年〔註 5〕

〔註 3〕　《鄂君啓節》研究文獻集釋爲拙著碩士論文原著中〈集釋篇〉的部分，因考量出版篇幅及收錄資料之完整度，故於正式出版時暫未收錄。

〔註 4〕　〔漢〕班固撰、〔唐〕顏師古注：《漢書·景十三王傳》（北京：中華書局，1964年 11 月），卷五三，頁 2410。

〔註 5〕　中國社會科學院考古研究所編：《殷周金文集成·編輯凡例》（北京：中華書局，1984 年，8 月），頁 17。

而本文所收錄的器物範圍，大抵屬於戰國。此外，爲了研究的整體性，秦代的符節、西漢南越王國的虎節亦是本文所收錄之範圍。

符節使用的歷史可謂久遠，但目前尚未發現商、周時代有形制類似戰國符節之器〔註6〕，如《周禮‧地官‧司徒第二‧掌節》中有「凡邦國之使節，山國用虎節；土國用人節；澤國用龍節，皆金也，以英蕩輔之。門關用符節；貨賄用璽節；道路用旌節，皆有期以反節。」之語，由此來看，各個位於不同地理環境的邦國使用不同形狀但都爲銅質的節，無法確知是否有後代「合符」這樣的形式，而《周禮》爲戰國時人托古理想之作，但從器物發展的歷史來看，或可推知，符節亦不可能突然活躍在春秋戰國，而廣泛的被應用做爲信憑稽核之器，商、周時代的符節之器仍有待發掘。

而從現今所能見的先秦符節實物或僅存於前人著錄的器形搨本來說，以戰國時代的符節器佔大多數，亦有少數秦代虎符如知名的《新郪虎符》、《陽陵虎符》，從戰國至秦代之符節皆爲本論文所收錄討論之範圍。歷時至漢代，符節持續做爲各諸侯國及將領與中央相互信憑的重要器具，如《史記‧孝文本紀》云：「九月，初與郡國守相爲銅虎符、竹使符。」〔註7〕但漢代符節在傳世實物的數量較多與史籍文獻記載的詳細程度上，易爲研究者所認識。至於漢代以下至清代，歷代都有符節、符牌的器物應用，足見符節此一信憑方式與制度歷時之久〔註8〕。

二、研究方法

而本論文採取的研究方法，則先對符節資料採取窮盡式的收集並進行分析，期以發揮細緻的研究效果，因此在章節安排上，分爲上、下二編，及附錄集釋研究。上編爲「研究編」，包括在第一章〈緒論〉，論述研究動機、目的、範圍、方法等基礎的研究意識、研究方法；於第二章〈符節相關問題探

〔註6〕 亦有學者將牙璋視爲商周時代的信憑物，作用於軍旅，如《周禮‧春官‧宗伯第三‧典瑞》云：「牙璋以起軍旅，以治兵守。」應是虎符等符節制度的前身，但筆者認爲牙璋之使用應與符節一類的信憑作用無涉，於下文第二章〈符節相關問題探討〉第三節〈符節與牙璋之關係〉將予以詳論之。

〔註7〕 〔漢〕司馬遷著、〔日〕瀧川龜太郎注：《史記會注考證‧孝文本紀》（臺北：萬卷樓出版社，1993年8月），頁23，總頁198。

〔註8〕 關於歷代不同形態符節的圖錄，可稱蒐羅齊備者，可參羅振玉編纂之《歷代符牌圖錄》、《增訂歷代符牌圖錄》及劉體智編纂之《善齋吉金錄》第十三卷〈符節〉。

討〉則對符節形制作整體考察，從「符」、「節」名義的討論、比較，並予以定義，接著縱向的對各時代不同的符節形制之分期與演變做出考論，以明符節形制發展之軌跡，並對符節與牙璋的關係提出討論；第三章〈先秦符節彙編校釋〉將先秦符節各器以【器號】、【器名】、【器形及說明】、【出土地】、【典藏地】、【著錄】、【釋文】、【註釋】、【斷代及國別】【相關研究文獻】、【備註】諸項細目對符節各器作細膩綜合的考論，對銘文考釋的成果，也在本章呈現；第四章〈先秦符節綜論〉則收束第二章、第三章所呈現的各種角度的討論成果，重新予以梳理，以清眉目；第五章〈結論〉，則將上述各章重點重新歸納，總集結上編「研究編」。

　　下編爲「著錄篇」，分爲第一章〈前言〉對「著錄篇」的寫作目的和方法提出說明，第二章〈先秦符節著錄書目析評〉則是將三十二種著錄專書、圖錄著述的體例，所收錄器類、數量簡要說明之，並對各著錄書目之搨本、圖版提出析評，並整理書中著錄的先秦符節資料。第三章〈先秦符節著錄總表〉則以各器爲主體，將著錄之書目、著錄器名及現今典藏地予以詳細羅列，與〈著錄書目析評〉發揮相互參照發明之功效。第四章〈先秦符節研究文獻要目〉蒐集自民國以來對於先秦符節進行研究的論文、專書及學位論文詳細資料，編纂關於先秦符節研究的詳盡目錄。

　　最末附錄，附錄一爲《鄂君啓車節》、《鄂君啓舟節》行款及文字摹本表，說明文字字形與行列；附表二則依據本文第三章對《鄂君啓車節》、《鄂君啓舟節》文字的考釋成果，繪製於《鄂君啓節》研究中重要的運輸路線地圖。

第三節　研究回顧與現況

　　回顧對於先秦符節的研究狀況與相關文獻回顧，爲顯示研究歷時與時代差異，將以時間爲經，以民國建立前後做爲時代區別大的斷限，民國建立前的研究狀況則再依時代進行區分，分爲先秦、漢代、清代三大部分；而爲呈現不同類型的研究文獻，以文獻類別爲緯，對每個時代的文獻分別進行說明。

一、民國前

（一）先　秦

　　與先秦符節有關的古籍文獻記載，主要在《周禮》之中，如《周禮・地

官・司徒第二・司市》：

> 凡治市之貨賄、六畜、珍異，亡者使有，利者使阜，害者使亡，靡者使微。凡通貨賄，以璽節出入之。〔註9〕

《周禮・地官・司徒第二・司關》云：

> 司關：掌國貨之節，以聯門市。司貨賄之出入者，掌其治禁與其征廛。凡貨不出於關者，舉其貨，罰其人。凡所達貨賄者，則以節傳出之。〔註10〕

《周禮・地官・司徒第二・掌節》云：

> 掌節，掌守邦節而辨其用，以輔王命。守邦國者用玉節；守都鄙者用角節。凡邦國之使節，山國用虎節；土國用人節；澤國用龍節，皆金也，以英蕩輔之。門關用符節；貨賄用璽節；道路用旌節，皆有期以反節。凡通達於天下者必有節，以傳輔之，無節者有幾則不達。〔註11〕

《周禮》固然無法全然反映周代實際政治制度與器物應用，但《周禮》為戰國時人對國家的理想設計，從書中所述，至少可知戰國時人對於符節的認識與運用的理想，這是目前可見最早的記載。

（二）漢 代

漢代的典籍中不乏對於當代符節運用的相關記載，如《漢書》載高祖初定天下，與功臣剖符作誓：

> 初，高祖不脩文學，而性明達，好謀，能聽，自監門戍卒，見之如舊。初順民心作三章之約。天下既定，命蕭何次律令，韓信申軍法，張蒼定章程，叔孫通制禮儀，陸賈造新語。又與功臣剖符作誓，丹書鐵契，金匱石室，藏之宗廟。雖日不暇給，規摹弘遠矣。〔註12〕

從引文中來看，所「剖符」的器物形制雖無法得知，但以剖符發誓，做為與功臣之信約的方式，在漢代典籍中可得而知。從傳世所見的漢代符節文物來

〔註9〕〔漢〕鄭玄注、〔唐〕賈公彥疏：《周禮注疏》（台北：藝文印書館，1979年），卷十四，頁18～22，總頁218～220。

〔註10〕〔漢〕鄭玄注、〔唐〕賈公彥疏：《周禮注疏》（台北：藝文印書館，1979年），卷十五，頁7～10，總頁229～230。

〔註11〕〔漢〕鄭玄注、〔唐〕賈公彥疏：《周禮注疏》（台北：藝文印書館，1979年），卷十五，頁10～13，總頁230～232。

〔註12〕〔西漢〕班固：《漢書》（北京：中華書局，1964年11月），頁80～81。

看，則以虎符為大宗，如《史記‧酷吏列傳》所載：

> 南陽有梅免、白政，楚有殷中、杜少，齊有徐勃，燕趙之閒有堅盧、
> 范生之屬。大群至數千人，擅自號，攻城邑，取庫兵，釋死罪，縛
> 辱郡太守、都尉，殺二千石，為檄告縣趣具食；小群以百數，掠鹵
> 鄉里者，不可勝數也。於是天子始使御史中丞、丞相長史督之。猶
> 弗能禁也，乃使光祿大夫范昆、諸輔都尉及故九卿張德等衣繡衣，
> 持節，虎符發兵以興擊，斬首大部或至萬餘級，及以法誅通飲食，
> 坐連諸郡，甚者數千人。〔註13〕

又如《漢書‧王莽傳下》：

> 唯翼平連率田況素果敢，發民年十八以上四萬餘人，授以庫兵，與
> 刻石為約。赤糜聞之，不敢入界。況自劾奏，莽讓況：「未賜虎符而
> 擅發兵，此弄兵也，厥罪乏興。以況自詭必禽滅賊，故且勿治。」
> 後況自請出界擊賊，所嚮皆破。〔註14〕

從文獻中可知，虎符是實際使用於發兵領軍的器物，如《漢書‧王莽傳下》中所述：「未賜虎符而擅發兵，此弄兵也，厥罪乏興。」沒有虎符做為調兵遣將的憑證，發兵便無法取得合理性與正當性。虎符用於軍事用途，自秦代虎符的銘文記述「凡興士被（披）甲，用兵五十人以上，必會王符，乃敢行之」，則虎符用於軍事的用途，依然延續到漢代。漢代的虎符被收錄的數量不少，如羅振玉先生《歷代符牌圖錄》即收錄了十一器，形制與銘文都很一致，足見其鑄造與使用有穩定的規範，用來交付給治理地方的太守，必要時與中央合符執行職務。

（三）清　代

縱使從宋人起即有專門對金文之著錄專書編纂，但仍不見符節之蹤跡。清代是對先秦符節著述的高峰，對金文作圖錄編纂的名家亦多將符節的圖錄輯入，而專門對符節作輯錄的，首推羅振玉先生所撰《歷代符牌圖錄》、《歷代符牌圖錄後編》、《增訂歷代符牌圖錄》等著，再來便是各家所編纂的金文圖錄中對符節的收錄，諸如阮元《積古齋鐘鼎彝器款識》；馮雲鵬《金石索》；

〔註13〕　〔漢〕司馬遷著、〔日〕瀧川龜太郎注：《史記會注考證》（臺北：萬卷樓出版社，1993 年 8 月），頁 1302。

〔註14〕　〔漢〕班固撰、〔唐〕顏師古注：《漢書》（北京：中華書局，1964 年 11 月），頁 4172。

鄒安《周金文存》；羅振玉《三代吉金文存》、《貞松堂吉金圖》；劉體智《小校經閣金石文字》、《善齋吉金錄》、《小校經閣金石文字》；黃濬《衡齋金石識小錄》、《尊古齋所見吉金圖》等〔註15〕。專論符節之專文則有清人瞿中溶〈集古虎符魚符考〉，瞿文主要是對於漢代銅虎符形制作討論與漢代應用虎符之歷史，以及對隋代虎符、唐代魚符、龜符做出討論，但對先秦符節的考論並無太多著墨〔註16〕。而對符節有專論考釋之文章，則是王國維先生所著〈秦新郪虎符跋〉、〈秦陽陵虎符跋〉、〈隋銅虎符跋〉、〈僞周二龜符跋〉四篇，其中〈秦新郪虎符跋〉首先從銘文字體考釋《新郪虎符》爲秦物，誠爲不易之論。但在清代除上舉王國維先生對《新郪虎符》做出考釋，並無更多專論之文。

二、民國後

民國後的先秦符節研究更勝於前代，各種先秦符節研究之專文皆有學者撰寫涉獵，而受到重視的兩種重要材料則是——《虎符》與《鄂君啓節》，是所見最多研究文獻的兩種材料。下文則分「圖錄」與「研究文獻」兩部分進行論述，「圖錄」的部分以綜合論述的方式，列舉較爲著名的圖錄做爲介紹，「研究文獻」的部分則以「虎符」、「龍節」、「鄂君啓節」爲三大論述之重點，其他諸器之研究狀況則一併論之。

（一）圖　錄

在先秦符節圖錄之編纂上，國內以嚴一萍先生所編著之《金文總集》爲代表，共收錄十六器；中國大陸方面則是中國社會科學院考古研究所編著之《殷周金文集成》，最爲齊全，共收錄二十七器〔註17〕。而收入零散先秦符節材料的著錄，則有容庚《海外吉金圖錄》收入《乘虎符》；于省吾《商周金文

〔註15〕 此處僅舉出幾種較爲著名的著錄書籍，關於先秦符節金文著錄的書籍詳細資料，及各本著錄所收錄之符節細目，可參閱本論文下編「著錄編」第二章〈先秦符節著錄書目析評〉。

〔註16〕 〔清〕瞿中溶：〈集古虎符魚符考〉，收入陳乃乾《百一廬金石叢書》第六冊，辛酉十月（1921 年）海昌陳氏影印本。

〔註17〕 嚴一萍編：《金文總集》，臺北：藝文印書館，1983 年 6 月，附目錄索引共十二冊，符節收錄於第十冊；中國社會科學院考古研究所編：《殷周金文集成》，北京：中華書局，1984 年，共十八冊，符節收錄於第十八冊。另有修訂增補本，北京：中華書局，2007 年，共八冊，符節收錄於第八冊。

錄遺》收入《王命傳賃虎節》；山東省博物館《山東金文總集》收入《齊大夫馬節》；劉彬徽、劉長武《楚系金文彙編》收入《王命虎符》、《王命龍節》、《王命車駝虎節》等，除上述所舉書目，共計有十一種金文著錄專書〔註18〕。

（二）研究文獻

對研究文獻的收錄整理，可以瞭解研究主題的發展和變化，釐清研究的走向和尚待發掘的部分，提供研究者思考與探究不同的研究方向和開展的空間，例如以時間的角度來看，研究文獻的寫作發表年代是集中那個年份，或相隔多久時間即有新的研究文獻產生，可以理解材料受到關注的程度；從研究主題來看，研究文獻是針對那個主題撰寫，或是討論問題的完整程度，也能理解材料本身具有的研究價值，或是周圍相關材料對研究主題本身的影響和幫助。從先秦符節研究文獻的蒐集整理來觀察研究的發展，則可分為「虎符」、「龍節」、「鄂君啟節」三個重點論述，其他諸器之研究狀況則一併論之。

1、虎　符

傳世已久的《新郪虎符》最先受到學者的關注，經王國維先生以銘文字體考釋定其為秦器，殆無疑義，但鑄造年代之問題，則成為另一個討論的要點，如王國維先生言此符作於「秦併天下前二三十年間物也」；唐蘭〈新郪虎符作於秦王政十七年滅韓後〉考證此符作於「在秦始皇十七年（德榮按：西元前 230 年）滅韓置穎川郡之後，廿六年（德榮按：西元前 221 年）稱皇帝之前」。對於《新郪虎符》進行最為詳盡的研究之文，為侯錦郎〈新郪虎符的再現及其在先秦軍事、雕塑及書法研究上的意義〉，從著錄與研究、原器的觀察、銘文釋文及斷代三個主題進行撰寫，並有附錄銘文單字之彩色照片。〔註19〕

而《杜虎符》的研究則在鑄造年代問題與辨偽上，黑光〈西安市郊發現秦國杜虎符〉為發現《杜虎符》之首篇報導、討論鑄造年代問題如馬非百〈關於秦國杜虎符之鑄造年代〉、朱捷元〈秦國杜虎符小議〉、胡順利〈關于秦國

〔註18〕此處僅舉出幾種較為著名的著錄書籍，關於先秦符節金文著錄的書籍詳細資料，及各本著錄所收錄之符節細目，可參閱下編「著錄編」第二章〈先秦符節著錄書目析評〉。

〔註19〕唐蘭：〈新郪虎符作於秦王政十七年滅韓後〉，《申報》文史版，民國 37 年（1948年）6 月 26 日。侯錦郎：〈新郪虎符的再現及其在先秦軍事、雕塑及書法研究上的意義〉，《故宮季刊》第十卷第一期，台北：國立故宮博物院，民國 64 年（1975），頁 35～77。

杜虎符的鑄造年代〉、曾維華〈秦國杜虎符鑄造年代考〉〔註20〕；討論辨僞的
如羅福頤〈杜陽虎符辨僞〉、戴應新〈秦杜虎符的眞僞及其有關問題〉、陳尊
祥〈杜虎符眞僞考辨〉〔註21〕。

《東郡虎符》的考辨，主要在於辨僞上，如王輝〈周秦器銘考釋（五篇）〉、
王關成〈東郡虎符考〉、王關成〈再談東郡虎符辨僞〉〔註22〕。

《王命車䮝虎節》的研究著重於銘文考釋之上，其中■字是研究的重
點，如何琳儀〈南越王墓虎節考〉考釋爲「駐」爲「牡」字異體、王人聰〈南
越王墓出土虎節考釋〉釋爲「牝」讀爲「徒」、李家浩〈南越王墓車駔虎節銘
文考釋——戰國符節銘文研究之四〉釋爲「䮝」讀爲「駔」〔註23〕。

至於《偏將軍虎符》、《辟大夫虎符》之研究專文，僅見李家浩〈貴將軍
虎節與辟大夫虎節——戰國符節銘文研究之一〉〔註24〕單篇。此兩器亦爲本
論文重新研究梳理的重要材料。

最後則是對《虎符》進行綜論的文章，如那志良〈古玉介紹之 8：虎符〉、
許英才〈秦漢虎符述略〉、王關成〈秦漢虎符的特徵及演變〉都對《虎符》進

〔註20〕 黑光：〈西安市郊發現秦國杜虎符〉，《文物》1979 年第九期，頁 93～94、馬
非百：〈關於秦國杜虎符之鑄造年代〉，《史學月刊》1981 年第一期，頁 20～
21、朱捷元：〈秦國杜虎符小議〉，《西北大學學報（哲學社會科學版）》1983
年第一期，頁 53～55、胡順利：〈關于秦國杜虎符的鑄造年代〉，《文物》1983
年第八期，頁 88、曾維華：〈秦國杜虎符鑄造年代考〉，《學術月刊》1998 年
第五期，頁 79～80。

〔註21〕 羅福頤：〈杜陽虎符辨僞〉，《文物》1982 年第三期，頁 62、戴應新：〈秦杜虎
符的眞僞及其有關問題〉，《考古》1983 年第十一期，頁 1012～1013；陳尊祥：
〈杜虎符眞僞考辨〉，《文博》1985 年第六期，頁 25～29。

〔註22〕 王輝：〈周秦器銘考釋（五篇）〉，《考古與文物》1991 年第六期，頁 75～81，
五、東郡虎符，頁 79～81、王關成：〈東郡虎符考〉，《考古與文物》1995 年
第一期，頁 64～65、王關成：〈再談東郡虎符辨僞〉，《考古與文物》1995 年
第二期，頁 60～62。

〔註23〕 何琳儀：〈南越王墓虎節考〉，《汕頭大學學報（人文科學版）》1991 年第三期
（1991 年 6 月）（總第二十五期），頁 26～27、王人聰：〈南越王墓出土虎節
考釋〉，《盡心集——張政烺先生八十慶壽論文集》，北京：中國社會科學出版
社，1996 年 11 月，頁 162～168、李家浩：〈南越王墓車駔虎節銘文考釋——
戰國符節銘文研究之四〉，《容庚先生百年誕辰紀念文集》（古文字研究專號），
廣州：廣東人民出版社，1998 年，頁 662～671。

〔註24〕 李家浩：〈貴將軍虎節與辟大夫虎節——戰國符節銘文研究之一〉，《中國歷史
博物館館刊》，1993 年第二期，頁 50～55。

行全面的概述有助於對《虎符》的基礎認識及理解〔註25〕。

2、龍　節

《龍節》傳世共見六器，六器除細部的花紋雕飾略有差異，基本的形制尺寸、銘文都是相同的，最早的研究文獻爲唐蘭〈王命傳考〉，而進行論述最爲完整的，是李家浩〈傳賃龍節銘文考釋——戰國符節銘文研究之三〉〔註26〕，而《龍節》之銘文「傳賃」等詞亦可以和《王命虎節》作對照。

3、鄂君啟節

《鄂君啟節》可說是最受重視的先秦符節，研究文獻數量最多，《鄂君啟節》可分《舟節》、《車節》兩類，其中關於銘文的釋讀一直都是被關注的研究焦點，隨著對楚系文字的認識逐漸深入與相關材料日益豐富，銘文在通讀上，已無太大的問題，但其中諸如 𢓋、𨑩、𤔲 等字至今仍是學者不時申覆的要點，而從銘文的釋讀連帶包含對於銘文所載戰國楚地地望之考證，地望又牽涉當時鄂君啟所能掌握的航運、陸運範圍和運輸方式，因此在制度方面《鄂君啟節》爲迄今所發現最爲完整的戰國楚地運輸制度記載〔註27〕。

最早對《鄂君啟節》作全面討論之文，爲郭沫若〈關於"鄂君啟節"的研究〉及殷滌非、羅長銘：〈壽縣出土的"鄂君啟金節"〉，之後仍有商承祚〈鄂君啟節考〉、于省吾〈鄂君啟節考釋〉〔註28〕兩位古文字學大家撰寫全面討論之文，爲後續學者們的研究立定了基礎，當時限於楚系文字材料侷限而猶豫不定的問題，現今隨著材料的不斷出土，也得到了很好的解答。

〔註25〕那志良：〈古玉介紹之 8：虎符〉，《故宮文物》第一卷第八期，台北：國立故宮博物院，民國 72 年（1983）11 月，頁 26～28、許英才：〈秦漢虎符述略〉，《中華學苑》第四十三期，台北：國立政治大學中文系，民國 82 年 3 月（1993 年 3 月），頁 79～110、王關成：〈秦漢虎符的特徵及演變〉，《歷史月刊》第八十七期，民國 84 年 4 月（1995 年 4 月），頁 94～97。

〔註26〕唐蘭：〈王命傳考〉，北京大學《國學季刊》六卷四號，1946 年，頁 61～73、李家浩：〈傳賃龍節銘文考釋——戰國符節銘文研究之三〉，《考古學報》，1998 年第一期，頁 1～10。

〔註27〕關於《鄂君啟節》的研究文獻，可參本論文下編「著錄編」第四章〈先秦符節研究文獻要目〉。

〔註28〕郭沫若：〈關於"鄂君啟節"的研究〉，《文物參考資料》1958 年第四期（總第九十二期），頁 3～7、殷滌非、羅長銘：〈壽縣出土的"鄂君啟金節"〉，《文物參考資料》1958 年第四期（總第九十二期），頁 8～11、商承祚：〈鄂君啟節考〉，《文物精華》第二集，北京：文物出版社，1963 年 4 月，頁 49～55、于省吾：〈鄂君啟節考釋〉，《考古》1963 年第八期，頁 442～447。

但其後並不見如研究初期對於鄂君啓節作全面探討的文章，其中的地理方位與交通路線的復原問題成為研究的焦點，如譚其驤〈鄂君啓節銘文釋地〉、〈再論鄂君啓節地理答黃盛璋同志〉；黃盛璋：〈關於鄂君啓節地理考證與交通路線的復原問題〉、〈再論鄂君啓節交通路線復原與地理問題〉、〈鄂君啓節地理問題若干補正〉；李家浩〈鄂君啓節銘文中的高丘〉；何琳儀〈鄂君啓舟節釋地三則〉〔註29〕。而除了中國本土的學者外，日本學者也投入研究，如佐藤武敏〈先秦時代の關と關稅（先秦時代的關和關稅）〉、船越昭生〈鄂君啓節について（關於鄂君啓節）〉，在學者們共同的努力下，舟節與車節運行路線的大致輪廓，也逐漸取得了共識〔註30〕。

對於銘文單字的考證，亦是研究過程的要點，除了上述對《鄂君啓節》進行全面討論的文章之外，對銘文考釋著力最深的，莫過朱德熙、李家浩〈鄂君啓節考釋（八篇）〉，其中考證如弦、郢、榑等字的討論，也早已為學者公認引用；「陸」字，黃盛璋〈楚銘刻中"陵""陲"的考辨及其相關問題〉辯證應釋為「陵」，鄭剛〈戰國文字中的"陵"和"李"〉亦認為應釋為「陵」〔註31〕；

〔註29〕譚其驤：〈鄂君啓節銘文釋地〉《中華文史論叢》第二輯，北京：中華書局，1962年11月），頁169～190、〈再論鄂君啓節地理答黃盛璋同志〉《中華文史論叢》第五輯，北京：中華書局，1964年6月），頁169～193；黃盛璋：〈關於鄂君啓節交通路線的復原問題〉《中華文史論叢》第五輯，北京：中華書局，1964年6月），頁143～168、〈再論鄂君啓節交通路線復原與地理問題〉，湖北省楚史研究會、武漢師範學院學報編輯部合編：《楚史研究專輯》，1982年，頁65～86、〈鄂君啓節地理問題若干補正〉，《歷史地理論集》，北京：人民出版社，1982年6月，頁286～288；李家浩：〈鄂君啓節銘文中的高丘〉，《古文字研究》第二十二輯，北京：中華書局，2000年7月，頁138～140、何琳儀：〈鄂君啓舟節釋地三則〉，《古文字研究》第二十二輯，北京：中華書局，2000年7月，頁141～145。

〔註30〕〔日〕佐藤武敏：〈先秦時代の關と關稅（先秦時代的關和關稅）〉，《甲骨學》第十輯，1964年7月，頁158～173，總頁1186～1201、〔日〕船越昭生：〈鄂君啓節について（關於鄂君啓節）〉，《東方學報》第四十三冊，京都大學人文社會科學院，1972年，頁55～95，本文提出了「鄂」即西鄂南陽的說法；陳偉：〈《鄂君啓節》之"鄂"地探討〉，《江漢考古》1986年第二期（總第十九期），頁88～90，本文將「逾油」之「油」讀為「淯」即「淯水」俗名白河；陳蔚松：〈鄂君啓舟節與屈原《哀郢》研究〉，《華中師院學報（哲學社會科學版）》1982年增刊（總第三十八期），頁16～35。上舉等文都對先秦楚地的地理考釋有很大的幫助。

〔註31〕黃盛璋：〈楚銘刻中"陵""陲"的考辨及其相關問題〉，《安徽史學》1984年第一期，頁41～46；鄭剛：〈戰國文字中的"陵"和"李"〉，《中國古文字學研究會成立十周年學術研討會論文》，1988年8月，頁1～15。又輯入鄭剛：

而「⿰⾜夸」字的釋讀可說是一大難題，如何琳儀〈句吳王劍補釋——兼釋冢、主、开、丂〉隸定爲「𨂥」讀爲「舸」、吳振武〈鄂君啓節"𨂥"字解〉，至近期仍有陳劍〈試說戰國文字中寫法特殊的"亢"和從"亢"諸字〉讀爲「航」〔註32〕。

在運輸制度的考述上，陳偉〈《鄂君啓節》與楚國的免稅問題〉論及航線與楚地區域開發有所關連的可能〔註33〕。從《鄂君啓節》來看，對於楚國航運與經濟制度的考述仍有深入探討的空間。

4、其他諸器

除上舉三類符節較受研究者關注，其餘諸器因研究文獻較少，故於此一併論之。對《鷹節》銘文研究之文，有朱德熙、裘錫圭〈戰國文字研究（六種）〉考釋「⿱臸𡿪」字爲「虞」，讀「遽」。而全面考釋之文，僅見李家浩〈傳遽鷹節銘文考釋——戰國符節銘文研究之二〉〔註34〕。《馬節》專論之文，僅見吳振武〈燕馬節補考——兼釋戰國時代的「射」字〉〔註35〕。

值得注意的是，李家浩先生對於先秦符節的研究有四篇專文：〈貴將軍虎節與辟大夫虎節——戰國符節銘文研究之一〉、〈傳遽鷹節銘文考釋——戰國符節銘文研究之二〉、〈傳賃龍節銘文考釋——戰國符節銘文研究之三〉、〈南越王墓車駐虎節銘文考釋——戰國符節銘文研究之四〉，都帶給研究者很大的啓發，也是筆者研考相關符節不可或缺的引用參考文獻，而筆者也嘗試於相關的考釋中，在李先生研究的基礎上，提出一些不成熟的看法予以申論。而朱翠翠先生也以符節爲主題，撰寫碩士學位論文《秦漢符信制度研究》〔註36〕，但朱翠翠

《楚簡道家文獻辨証》，汕頭大學出版社，2004 年 3 月，頁 61～75。

〔註32〕何琳儀：〈句吳王劍補釋——兼釋冢、主、开、丂〉，《第二屆國際中國古文字學研討會論文集》，香港：香港中文大學中國語言及文學系，1993 年 10 月，頁 249～263、吳振武：〈鄂君啓節"𨂥"字解〉，《第二屆國際中國古文字學研討會論文集》，香港：香港中文大學中國語言及文學系，1993 年 10 月，頁 273～292、陳劍：〈試說戰國文字中寫法特殊的"亢"和從"亢"諸字〉，《出土文獻與古文字研究》第三輯，上海：復旦大學出版社，2010 年 7 月，頁 152～182。

〔註33〕陳偉：〈《鄂君啓節》與楚國的免稅問題〉，《江漢考古》1989 年第三期（總第三十二期），頁 52～58。

〔註34〕朱德熙、裘錫圭：〈戰國文字研究（六種）〉，《考古學報》1972 年第一期，頁 73～89、李家浩：〈傳遽鷹節銘文考釋——戰國符節銘文研究之二〉，《海上論叢》第二輯，1998 年，頁 17～33。

〔註35〕吳振武：〈燕馬節補考——兼釋戰國時代的「射」字〉，《中國古文字研究會第八屆年會論文》，江蘇太倉，1990 年 11 月，頁 1～10。

〔註36〕朱翠翠：《秦漢符信制度研究》，上海：上海師範大學歷史系碩士論文，2009

先生主要以秦、漢所見之虎符、信憑物爲材料，針對制度及歷史方面加以研究，對於先秦之符節及古文字考釋、器形方面並無更多的著墨，於此筆者仍有許多深入探究的空間。

年4月。

第二章　符節相關問題探討

　　本論文欲對先秦符節做全面探討，必要先對與符節有關的周邊問題予以探討釐清，而首先便是對「符」與「節」的名義進行考察與定義，以供往後對於符節實物命名之基礎，除古籍文獻上相關的記載，亦配合實物加以討論。再來對於符節形制本身在不同時代的差異和特色進行討論，以明符節之演變歷程，要說明的是本論文雖將討論的符節材料主軸定在先秦，但前文第一章〈緒論〉已論述符節器於歷代的應用概況，因此本節將從商周開始，依春秋戰國、秦、漢代、漢代以下分期，對各期的形制演變和特色加以考論。接著則是針對符節的制度方面，一是從傳世文獻的梳理分析出發，主要仍以先秦至漢代之文獻為範圍；一是從符節實物的考察出發，與傳世文獻相互對比，發明其制度。最後則探討符節與牙璋之關係，牙璋之記載見於《周禮》，實物亦在考古發掘中獲得，或有學者認為牙璋的應用為符節之前身，本節亦予以析論之。

第一節　符、節之名義考察

　　「符」和「節」從名義上考察實為二義，本論文以「符節」一詞做為統稱，則是兼具兩詞一併稱之，不作嚴格的分別。但就嚴格的區別上看，「符」和「節」所指稱的一為器物名；一為器物作用功能，因此對於現今所能見到的「符節」器，檢視諸器的名義、形制，予以定名，亦是討論符節名義之價值所在。

一、符之名義

符，《說文》曰：「信也，漢制以竹長寸六，分而相合。」據《說文》，許慎是將「符」釋為代表信用之物，並引漢制言「竹長寸六，分而相合」〔註1〕，可知命為「符」帶有兩部件或多部件相合之性質，則其器形或為一器之剖半，或成雙、成組之部件拼合為一器，能將兩部件完全相符的拼合在一起，就是「信用」的象徵。但《說文》對於「符」的形制應用並無更多的著墨。《釋名·釋書契》曰：「符，付也，書所敕命於上，付使傳行之也。亦言赴也，執以赴君命也。」〔註2〕《釋名》固然以音讀訓之，故釋其有「付」、「赴」二義，但「付」義所釋「書所敕命於上，付使傳行之也」，以《龍節》、《虎符》等諸器所鑄銘文驗之，不止說明了「符」的應用，「節」在應用上也有同樣的性質。而再看《韓非子·主道第五》所述：

> 人主之道，靜退以為寶。不自操事而知拙與巧，不自計慮而知福與咎。是以不言而善應，不約而善增。言已應則執其契，事已增則操其符。符契之所合，賞罰之所生也。故群臣陳其言，君以其言授其事，事以責其功。〔註3〕

《韓非子》提到人主以「契」、「符」做為治事之手段，並以「契」、「符」之相合，做為治理賞罰的標準，可見以「符」之「相合」做為認證之方法和標準，兩物之「相合」有其獨特性，「相合」代表了信用，因而做為賞罰的依據。《漢書·高帝本紀》曰：

> 初，高祖不脩文學，而性明達，好謀，能聽，自監門戍卒，見之如舊。初順民心作三章之約。天下既定，命蕭何次律令，韓信申軍法，張蒼定章程，叔孫通制禮儀，陸賈造新語。又與功臣剖符作誓，丹書鐵契，金匱石室，藏之宗廟。雖曰不暇給，規摹弘遠矣。〔註4〕

漢代史書如《漢書》、《史記》載「符」及「剖符」之事甚多，發與邊關守將、

〔註1〕 符字下段注云：「按許云六寸，《漢書》注作五寸未知孰是。」〔東漢〕許慎著、〔清〕段玉裁注：《新添古音說文解字注》（臺北：洪葉文化事業有限公司，2005年10月），頁193。
〔註2〕 〔東漢〕劉熙著、〔清〕畢沅疏證，王先謙補：《釋名疏證補·釋書契》（北京：中華書局，1998年6月），頁204～205。
〔註3〕 〔戰國〕韓非著、〔清〕王先慎撰：《韓非子集解》（北京：中華書局，1998年7月），頁29～30。
〔註4〕 〔西漢〕班固：《漢書》（北京：中華書局，1964年11月），頁80～81。

帶兵之將領與諸侯國，做爲信用及命令之用，如上文所說的「剖符作誓」，則「符」在形制與意義的指稱上，從典籍證之，應相當清晰。而就文獻所見對「符」的記載來看，「符」也不排除有作爲信憑之物，但不具合符性質的使用，如《墨子‧旗幟》：

> 巷術周道者，必爲之門，門二人守之，非有信符，勿行，不從令者斬。〔註5〕

則應如上述將「符」做爲「信用」的代表，而無法確認嚴格區別其性質了。

二、節之名義

節，《說文》曰：「竹約也。」段注云：「約，纏束也，竹節如纏束之狀。」〔註6〕《說文》所述的「節」義是竹子上的竹節之意，段注言「竹節如纏束之狀」段注又云：「引伸爲節省、節制。節義字又假借爲符卪字。」按，段注甚確，因而從《說文》來看，並沒有表達出「節」字之義包含器物之外觀與形體的意思。而《釋名‧釋兵》：「節者，號令賞罰之節也。」〔註7〕則「節」爲發號命令，傳達賞罰之器，對比《周禮》所記載，如《周禮‧地官‧司徒第二‧司關》云：

> 司關：掌國貨之節，以聯門市。司貨賄之出入者，掌其治禁與其征廛。凡貨不出於關者，舉其貨，罰其人。凡所達貨賄者，則以節傳出之。國凶札，則無關門之征，猶幾。凡四方之賓客敏關，則爲之告。有外內之送令，則以節傳出內之。〔註8〕

可見「節」的作用在於出入關卡的通行及傳遞命令，還可見《周禮‧地官‧司徒第二‧掌節》云：「凡通達於天下者必有節，以傳輔之，無節者有幾則不達。」、《周禮‧夏官‧司馬第四‧司險》云：「國有故，則藩塞阻路而止行者，以其屬守之，唯有節者達之。」〔註9〕則「節」用於核可認證及傳令的作用，是很明確的。

〔註5〕吳毓江注：《墨子校注》（北京：中華書局，1993 年 10 月），頁 904。

〔註6〕〔東漢〕許慎著、〔清〕段玉裁注：《新添古音說文解字注》（臺北：洪葉文化事業有限公司，2005 年 10 月），頁 191。

〔註7〕〔東漢〕劉熙著、〔清〕畢沅疏證，王先謙補：《釋名疏證補‧釋兵》，北京：中華書局，1998 年 6 月，頁 246。

〔註8〕〔漢〕鄭玄注、〔唐〕賈公彥疏：《周禮注疏》（台北：藝文印書館，1979 年），卷十五，頁 7～10，總頁 229～230。

〔註9〕〔漢〕鄭玄注、〔唐〕賈公彥疏：《周禮注疏》（台北：藝文印書館，1979 年），卷十五，頁 10～13，總頁 230～232；卷三十，頁 12～13，總頁 459～460。

三、符、節名義異同比較

從上文對於「符」、「節」分別的名義分析來看，「符」據《說文》所述，至少在漢代就被做為「分而相合」的器物之名，參看典籍又諸多實例述之；而「節」參考《釋名》、《周禮》等文獻，對「節」的功用說明是號令、信物、傳命，並不牽涉對形制的解釋，可見所謂的「節」在外形上，能有不同的樣式，但其擔負的功能並沒有改變。

又從《周禮·地官·司徒第二·掌節》的一段話來看：

門關用符節；貨賄用璽節；道路用旌節，皆有期以反節。〔註10〕

對比上文「符節」、「璽節」、「旌節」用於三種不同場合的節器，鄭玄注：「符節者，如今宮中諸官詔符也。璽節者，今之印章也。旌節，今使者所擁節是也。」〔註11〕則顯然「符」、「璽」、「旌」指的是「節」應用於不同場合而不同的形制，但同樣做為傳命、信憑之物，可知「符節」原為「節」的一種類型，指的是「器形可以拼合，具有合符功用的信憑物」。其實由此可見「符」和「節」有其形制及意義上的差異，引文中的「符節」之器是具有「符」性質的「節」。

但今日習慣將「符節」一詞做為各種符節器的通稱，本文在行文上也用了同樣的方式，筆者認為從「統言」、「析言」這樣的觀念來看，將「符」和「節」並言為「符節」是總括來說的一種稱呼，並不專指某個類型的器物，故本文如不專指某「符」或「節」，行文中則使用「符節」來指稱相關的「符」和「節」諸器。而在必要時自然分別以「析言」稱之。

值得注意的是，劉體智於其金文著錄《善齋吉金錄》第十三卷〈符牌錄〉中，以「節」、「符」、「牌」分為三類，「節」之類下有《列國鷹節》、《秦王命虎節》、《漢左戲行節》；「符」之類下則有《秦甲兵虎符》及漢代以下各種虎符、魚符；「牌」則是收錄唐代以下各種兵牌、令牌。由此來看，劉體智先生的分類定義正與筆者上文所分析的「節」、「符」差異相合。

進一步考察金文相關著錄對先秦符節的命名，如《鷹節》，《周金文存》命名為《鷹符》〔註12〕，就其形制來看，應以名《鷹節》為確；如《乘虎符》，

〔註10〕〔漢〕鄭玄注、〔唐〕賈公彥疏：《周禮注疏》（台北：藝文印書館，1979年），卷十五，頁10～13，總頁230～232。

〔註11〕〔漢〕鄭玄注、〔唐〕賈公彥疏：《周禮注疏》（台北：藝文印書館，1979年），卷十五，頁10～13，總頁230～232。

〔註12〕鄒安：《周金文存》（台北：台聯國風出版社，1978年1月）卷六下，頁126，總頁1604。

《貞松堂集古遺文》名爲《來符》，《海外吉金圖錄》名爲《來虎符》，《殷周金文集成》名爲《乘虎節》〔註 13〕，而其器剖半，今僅存其右半，應以名《乘虎符》爲確。

第二節　符節形制之分期與演變

綜前所述，「符」、「節」就分類上是兩種器物的類別，而各自又有不同的各種形制，考察符節使用的歷史遠源流長，由漢代至清皆有符節的實際應用，本節擬先對符節各時代之分期提出簡述，再來對於各時期的形制作討論，並提出舉例。

一、分期標準

本文的分期以「商周」、「春秋戰國」、「秦」、「漢代」、「漢代以下」分爲五期，「商周」符節之實物尚未得見，而今去古已遠，難以得知使用符節之貌，故將商周分爲一期；「春秋戰國」爲本論文材料鎖定的時代核心，此期符節之形制「各國異形」亦趨多元，此自當別立一期；「秦」傳世之器目前則見《虎符》，其銘文、形制趨於統一，亦專分一期論之；「漢代」除傳世之器，見於著錄者幾爲《虎符》，古籍文獻記述漢代符節之制亦不在少，則亦立一期。「漢代以下」因實物明確及典籍記載甚詳，故綜合漢代以下爲一期論之，不作各朝代細分。

二、各期形制考論

以下每個分期都將對當期之特色提出說明，並列舉具當期符節形制論之。

（一）商　周

商周有無符節之制，僅能依傳世文獻考論，以《周禮》考之，其中〈司關〉、〈掌節〉二篇對用節之制所述較詳〔註 14〕，如上文〈緒論〉章曾引《周

〔註 13〕 羅振玉：《貞松堂集古遺文》（香港：崇基書店，1968 年）卷十一，頁 12，總頁 897；容庚：〈來虎符〉，《海外吉金圖錄》（民國 24 年考古學社刊本影印）（台北：台聯國風出版社，1978 年 1 月），圖一二七，頁 269；中國社會科學院考古研究所編：《殷周金文集成》（修訂增補本）第八冊（北京：中華書局，2007 年），器號 12087，頁 6589。

〔註 14〕 其他有提到「節」或「旌節」之篇章，有〈鄉大夫〉、〈比長〉、〈司救〉、〈司

禮・地官・司徒第二・掌節》云：

> 掌節，掌守邦節而辨其用，以輔王命。守邦國者用玉節；守都鄙者用角節。凡邦國之使節，山國用虎節；土國用人節；澤國用龍節，皆金也，以英蕩輔之。門關用符節；貨賄用璽節；道路用旌節，皆有期以反節。凡通達於天下者必有節，以傳輔之，無節者有幾則不達。〔註15〕

若以表格對引文所述做出整理：

2.2.1《周禮》所述符節分類表

			形　制　分　類		
			材　質	形　體	形　制
應用場合分類	守　域	守邦國	玉		
		守都鄙	角		
	國　別	山　國	金	虎	
		土　國		人	
		澤　國		龍	
	場　合	門　關			符
		貨　賄			璽
		道　路			旌

　　《周禮》所述的各種節，從材質「玉」、「角」、「金」來說比較容易理解，但其外型無法得知，而以形制來看的「符」、「璽」、「旌」，上文〈第一節　符節之名義・三、符、節名義異同比較〉已有簡論，「符」當是剖半而用之制；「璽」，《說文》：「王者之印也」〔註16〕，則應爲今之印章；「旌」《說文》：「游車載旌，析羽注旌首也。」〔註17〕則爲首有插羽飾之節，「符」、「璽」、「旌」

市〉、〈司險〉、〈懷方氏〉、〈布憲〉、〈野廬氏〉、〈修閭氏〉、〈大行人〉、〈小行人〉、〈行夫〉、〈環人〉、〈掌交〉。

〔註15〕〔漢〕鄭玄注、〔唐〕賈公彥疏：《周禮注疏》（台北：藝文印書館，1979年），卷十五，頁10～13，總頁230～232。

〔註16〕〔漢〕許慎著、〔清〕段玉裁注：《說文解字注》（台北：洪葉文化事業有限公司，2005年10月），頁694。

〔註17〕〔漢〕許慎著、〔清〕段玉裁注：《說文解字注》（台北：洪葉文化事業有限公司，2005年10月），頁312。

隨著形制的不同，應用於不同場合。至於不同方國所用的「虎」、「人」、「龍」
三種外型不同的節，以傳世的實物來看，確有「虎」、「龍」兩種器形的符節，
所謂的「人節」則不知實物，其形不得而知，但「虎節」是否用於山國？「龍
節」是否用於澤國？目前則尚無更多證據佐之。

　　至於《周禮・典瑞》所提到的「牙璋以起軍旅，以治兵守。」〔註18〕有
學者認為是《虎符》之制的前身，用於傳令調兵之信憑，但筆者認為牙璋應
非如符節之應用，將於本章第三節〈符節與牙璋之關係〉予以詳論，此不多
作說明。

（二）春秋戰國

　　春秋戰國之符節有實物傳世，對戰國時代制度、器樣的考證助益極大，
加上當時六國異域，文字異形，銘文又可考論戰國之文字，在符節制度的發
展歷程中，極具研究價值。而傳世所見符節，及僅見著錄之搨本圖錄，共可
計一表如下：

2.2.2 春秋戰國符節數量表

器　名	數　量	備　註	器　名	數　量	備　註
乘虎符	1		騎傳馬節	1	
王命虎節	2		亡縱熊符	1	僅見著錄
王命傳遽虎節	1		阹者旃節	1	應為偽器
辟大夫虎節	1		王命龍節	6	
偏將軍虎節	1		雁節	2	
節節	1	僅見著錄	鷹節	2	
麿尻節	1	僅見著錄	鄂君啟車節	3	
獻節	1		鄂君啟舟節	2	
齊大夫馬節	1		合　計	28	

　　上述諸器詳細的著錄、相關研究文獻及器物、銘文考釋，將於下文第三
章〈先秦符節彙編校釋〉詳論。而就目前所見的戰國諸器以分域來看，楚器
共有《王命虎符》、《王命傳遽虎節》、《王命龍節》、《鄂君啟車節》、《鄂君啟

〔註18〕〔漢〕鄭玄注、〔唐〕賈公彥疏：《周禮注疏》（台北：藝文印書館，1979年），
　　　　卷二十，頁22，總頁315。

舟節》；齊器共有《乘虎符》、《節節》、《麖尿節》、《愍節》、《齊大夫馬節》、《亡縱熊符》、《阹者旃節》、《辟大夫虎符》、《偏將軍虎符》；燕器共有《雁節》、《鷹節》、《騎傳馬節》，各國之器於形制、器形及其銘文內容可謂豐富多樣，但也因銘文文例精簡，及戰國文字號稱「難讀」，增加了通讀理解銘文的難度。而關於符節之典籍記載，又可於諸子之書得之，如上文所引《韓非子‧主道第五》：

> 言已應則執其契，事已增則操其符。符契之所合，賞罰之所生也。

《墨子》、《管子》書中又見以「符」爲號令兵守之認證及信物，如《墨子‧旗幟》：

> 巷術周道者，必爲之門，門二人守之，非有信符，勿行，不從令者斬。〔註19〕

又《墨子‧號令》：

> 吏從卒四人以上有分者，大將必與爲信符，大將使人行，守操信符，信不合及號不相應者，伯長以上輒止之，以聞大將。當止不止及從吏卒縱之，皆斬。〔註20〕

及《管子‧君臣上》：

> 是故主畫之，相守之；相畫之，官守之；官畫之，民役之。則又有符節、印璽、典法、筴籍以相揆也。此明公道而滅姦僞之術也。〔註21〕

則由實物及傳世文獻考之，春秋戰國此期符節之豐富，相較各期可說最爲鼎盛者，亦不爲過。

（三）秦

秦滅六國，復歸天下於一統，符節之應用於秦代從僅見的傳世實物來看，顯得形制整齊，銘文所著亦謹飭劃一，目前所見共有《新郪虎符》、《杜虎符》、《陽陵虎符》、《櫟陽虎符》〔註22〕四器，俱爲虎符，採左右合符之式，銘文

〔註19〕吳毓江注：《墨子校注》（北京：中華書局，1993年10月），頁904。
〔註20〕吳毓江注：《墨子校注》（北京：中華書局，1993年10月），頁916。
〔註21〕黎翔鳳撰：《管子校注》（北京：中華書局，2004年6月），頁553。
〔註22〕另有被考辨爲僞器之《東郡虎符》，本論文則不列入彙編校釋，相關的辨僞論證，可參王輝：〈周秦器銘考釋（五篇）〉，《考古與文物》1991年第六期，頁75〜81；王關成：〈東郡虎符考〉，《考古與文物》1995年第一期，頁64〜65；王關成：〈再談東郡虎符辨僞〉，《考古與文物》1995年第二期，頁60〜62；陳昭容：〈戰國至秦的符節——以實物資料爲主〉，《中央研究院歷史語言研究

之行款僅《杜虎符》採由虎身兩側橫寫，器形為站立虎形；其他三器皆為由虎首沿背脊至尾端的直行寫法，器形為伏虎形。而銘文之文例可分為二式：

1、《新郪虎符》、《杜虎符》

　　甲兵〔兵甲〕〔註23〕之符，右才（在）王〔君〕〔註24〕，左才（在）【地名】，凡興士被（披）甲，用兵五十人以上，必會王符，乃敢行之。燔隊（燧）事，雖母（毋）會符，行毆（也）

2、《陽陵虎符》、《櫟陽虎符》

　　甲兵之符，右才（在）皇帝，左才（在）【地名】

從兩類銘文格式可以發現，秦代《虎符》用於軍事兵權，右半保管於君王，左半則授予地方的將領，從「文例1」可以知道秦代軍事制度之嚴及中央政府對地方軍事的控管。但從兩種不同的銘文格式來看，除了從銘文有繁簡不同的寫法來考慮，兩種《虎符》應有使用權限上的差異，有層級之分。

　　再參看出土文獻對秦代符節制度的記載：

《龍崗秦簡》簡二：

　　實出入及毋（無）符傳而闌入門者，斬其男子左趾，□女【子】□。
〔註25〕

《龍崗秦簡》簡五：

　　關。關合符，及以傳書閱入之，及訶佩（佩）入司馬門久。〔註26〕

上引《龍崗秦簡》簡二所言「符傳」，不一定只指具合符性質之「符」，但做為信憑之用，且不守規定即受斬趾之嚴懲，從簡文可得而知之。而簡五所述，即是出入關卡以合符為規定的記載。

（四）漢　代

　　漢代之符節以《虎符》最為多見，而銘文文例與器物之形如承秦代一般，逾趨統一工整，其作虎形，僅在雕刻文飾上略有小異，銘文因以漢隸書之，

　　　　所集刊》第 66 本第一分，台北：中央研究院歷史語言研究所，民國 84 年 3 月（1995 年 3 月），頁 305～366。

〔註23〕《杜虎符》作「兵甲」。

〔註24〕《杜虎符》作「君」。

〔註25〕中國文物研究所、湖北省文物考古研究所編：《龍崗秦簡》（北京：中華書局，2001 年 8 月），頁 69。

〔註26〕中國文物研究所、湖北省文物考古研究所編：《龍崗秦簡》（北京：中華書局，2001 年 8 月），頁 72。

故釋讀上並無困難，而銘文文例可分爲兩類：

1、**侯爵用**

　　與【爵位名】爲虎符第【數字】（銘刻於虎符左旁或右旁腹側）

例如《安國侯虎符》及《臨袁侯虎符》之銘文：

　　與安國侯爲虎符第三

　　與臨袁侯爲虎符第二

2、**地方官用**

　　與【地方官名】爲虎符（銘刻於虎符背脊上）

　　【地方官名】【左或右】第【數字】（銘刻於虎符左旁或右旁腹側）

例如《東萊太守虎符》及《桂陽太守虎符》之銘文：

　　與東萊太守爲虎符

　　東萊左一

　　與桂陽太守爲虎符

　　桂陽右一

由上可知由秦入漢，在符節之制特別是《虎符》上，顯得完備而於史有徵，而傳世典籍對於漢代符節的描述，如《史記・孝文本紀》：

　　九月，初與郡國守相爲銅虎符、竹使符。〔註27〕

上引文所述「初與郡國守相爲銅虎符、竹使符」，其中「初與」一詞是否表示漢開國直至文帝始行授予「虎符」和「竹使符」，用於君王與諸侯郡國信憑之證，此說或有學者論之，但參之《漢書・高帝本紀》：

　　初，高祖不脩文學，而性明達，好謀，能聽，自監門戍卒，見之如

　　舊。初順民心作三章之約。天下既定，命蕭何次律令，韓信申軍法，

　　張蒼定章程，叔孫通制禮儀，陸賈造新語。又與功臣剖符作誓，丹

　　書鐵契，金匱石室，藏之宗廟。雖日不暇給，規摹弘遠矣。〔註28〕

高祖於初定天下之際即與功臣「剖符作誓」，雖無明載是否皆與各諸侯守相剖符爲信，但由此來看，漢代與諸侯剖符以爲信憑，應非於文帝之朝初見，因此筆者認爲「初與」應指文帝即位之時，初次重新製發虎符、使符給郡國守

〔註27〕　〔漢〕班固撰、〔唐〕顏師古注：《漢書・景十三王傳》（北京：中華書局，1964
　　　　 年11月），卷五三，頁2410。

〔註28〕　〔西漢〕班固：《漢書》（北京：中華書局，1964年11月），頁80～81。

相，故言「初與」。

另又可參《史記》的《世家》、《列傳》篇章中常見與諸侯或功臣「剖符，世世勿絕」之語〔註29〕，足見漢代自立國之初，即不乏剖符爲信之制，而通行於漢世。

要特別說明的是，本論文雖以戰國至秦代所見之先秦符節爲核心研究材料，但1983年出土於廣州象岡山西漢南越王墓的《王命車馹虎節》，因其形制、銘文不類漢代之制，加上南越地近戰國時楚地，故《王命車馹虎節》之形制與銘文文例似楚器《王命虎符》，有楚地遺風，故考古挖掘報告《西漢南越王墓》云：「這枚虎節的造型與上引楚虎節相同，應是南越王國仿楚器鑄制，但不排除原屬楚器因故流入嶺南者。」〔註30〕而李家浩先生認爲「車馹虎節與傳賃虎節形態相同，銘文格式相同，文字風格相同，顯然是同一個國家，同一個時期鑄造的。」爲戰國中期楚國所鑄造的。並舉出時代用字習慣的問題，認爲虎節爲戰國楚器〔註31〕。因此本論文將《王命車馹虎節》納入第三章〈先秦符節彙編校釋〉，予以詳論之。

（五）漢代以下

漢代以下延續至魏晉、隋唐，由唐而至宋、元、明、清，因歷時既久，又並非本論文所考論之焦點，此處僅就創新或異於前代之形制概論之，不對各朝代進行詳論。時至隋唐，除了《虎符》形制與漢代相類，功用亦爲授予守將、地方官府所用，但又另有創新之制，如《魚符》、《龜符》等制，清人瞿中溶言：「而考魚符之制，實起於隋，見《北史·隋文帝紀》」〔註32〕而在

〔註29〕如〈陳丞相世家〉：「還至雒陽，赦信以爲淮陰侯，而與功臣剖符定封」；〈絳侯周勃世家〉：「賜爵列侯，剖符世世勿絕。食絳八千一百八十户，號絳侯。」；〈黥布列傳〉：「布遂剖符爲淮南王，都六，九江、廬江、衡山、豫章郡皆屬布。」；〈韓信盧綰列傳〉：「三年，漢王出滎陽，韓王信、周苛等守滎陽。及楚敗滎陽，信降楚，已而得亡，復歸漢，漢復立以爲韓王，竟從擊破項籍，天下定。五年春，遂與剖符爲韓王，王潁川。」

〔註30〕參廣州市文物管理委員會、中國社會科學院考古研究所：《西漢南越王墓》上冊（北京：文物出版社，1992年10月），頁315～316。

〔註31〕李家浩：〈南越王墓車馹虎節銘文考釋——戰國符節銘文研究之四〉，《容庚先生百年誕辰紀念文集》（古文字研究專號）（廣州：廣東人民出版社，1998年），頁667～670。

〔註32〕清人瞿中溶所撰〈集古虎符魚符考〉，對於魏晉隋唐《虎符》、《魚符》之制考論甚精，共錄《魚符》六器；漢《虎符》十一器，但有二器僅見考證而無圖錄；隋《虎符》一器；唐《龜符》一器，可參。見《續修四庫全書》第一一〇

《魚符》實行之際,《虎符》同樣並行使用,著錄亦可見隋唐有《虎符》亦有《魚符》,故瞿中溶言:「蓋銅魚符乃佩符,亦即符傳,而唐魚符文所謂傳佩者是也,其起軍旅則仍用銅虎符耳,故《北史》並不言改虎符爲魚符。」至於唐又有《龜符》,其作用與用於傳佩之《魚符》相同,應非用於軍旅。

第三節　符節與牙璋之關係

上文於商周時期符節之制的討論,提到牙璋與符節制度的關係,而兩者間的關係一說認爲牙璋之制爲「虎符」之前身,用於軍事信憑;一說認爲牙璋與軍事用途無關,應是祭祀或信仰所用。因爲此處牽涉到符節之器制的起源和發展歷程的問題,有必要闢作專文論之,以說明其原委。

一、牙璋概述

關於牙璋之記載,見於《周禮・春官・宗伯第三・典瑞》云:

> 圭璧,以祀日月星辰。璋邸射,以祀山川,以造贈賓客。土圭以致四時日月,封國則以土地。珍圭以徵守,以恤凶荒。牙璋以起軍旅,以治兵守。璧羨以起度。〔註33〕

又《周禮・冬官・考工記第六・玉人》:

> 琢圭璋八寸,璧琮八寸,以覜、聘。牙璋、中璋七寸,射二寸,厚寸,以起軍旅,以治兵守。〔註34〕

從《周禮》的描述來看,牙璋之用是「以起軍旅,以治兵守」,而《典瑞》條下鄭玄注引鄭司農云:

> 牙璋琢以爲牙,牙齒兵象,故以牙璋發兵,若今時以銅虎符發兵。

鄭玄注:

> 謂牙璋亦王使之瑞節,兵守,用兵所守,若齊人戍遂,諸侯戍周。

九冊,子部・譜錄類,上海:上海古籍出版社,2002年,總頁521〜536。上引瞿氏之文俱出於此,不另加註。

〔註33〕〔漢〕鄭玄注、〔唐〕賈公彥疏:《周禮注疏》(台北:藝文印書館,1979年),卷二十,頁22,總頁315。

〔註34〕〔漢〕鄭玄注、〔唐〕賈公彥疏:《周禮注疏》(台北:藝文印書館,1979年),卷四一,頁6,總頁633。

〔註35〕
可見從漢人起註解「牙璋」一詞，就認爲牙璋用於兵守、發兵，作用相當於漢代的虎符，故後世學者除依《周禮》，鄭眾、鄭玄之註解也將牙璋釋爲兵守、發兵之器。

而清人吳大澂於其《古玉圖考》〔註36〕根據《周禮·冬官·考工記第六·玉人》所述：「牙璋、中璋七寸，射二寸，厚寸」及本條經文下鄭玄注：「二璋皆有鉏牙之飾於琰側，先言牙璋有文飾也」將所藏古玉作下述圖形者命爲牙璋：

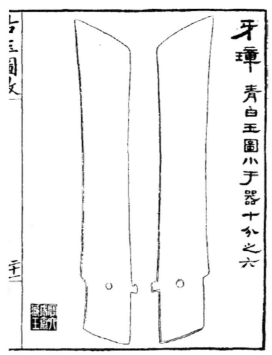

吳大澂並言：「首似刀而兩旁無刃，世俗以爲玉刀誤矣。圭璋左右皆正直，此獨有旁出之牙，故曰牙璋。」〔註37〕隨著近年考古出土文物的發現，一些古玉器形似《周禮》及鄭注所說的「牙璋、中璋七寸，射二寸，厚寸」、「二璋皆有鉏牙之飾於琰側，先言牙璋有文飾也」，且與吳大澂所描繪的外型相

〔註35〕　〔漢〕鄭玄注、〔唐〕賈公彥疏：《周禮注疏》（台北：藝文印書館，1979 年），卷二十，頁 22，總頁 315。
〔註36〕　〔清〕吳大澂：《古玉圖考》，清光緒十五年上海同文書局石印本。
〔註37〕　〔清〕吳大澂：《古玉圖考》，清光緒十五年上海同文書局石印本，頁 21 左。

類，故如鄭新來、馮漢驥、戴應新、李學勤〔註38〕等諸位先生都將考古挖掘中相似的古玉（見下圖）命名爲「牙璋」，是可信的。

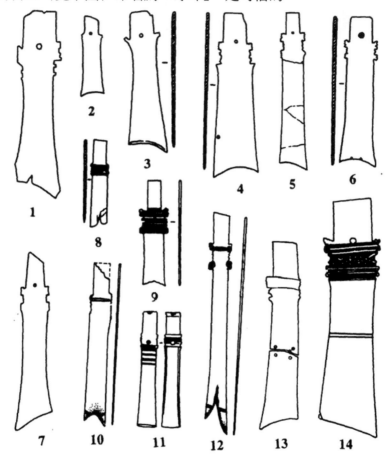

图一
1. 石峁出土　2. 大范庄出土　3. 司马台出土　4～6. 二里头
出土8～12. 三星堆出土　13. 大湾出土　14. 大路陈村出土

引自楊亞長：〈淺論牙璋〉，《文博》2001 年四期，頁 48。

二、牙璋是否爲符節之用

上述諸位學者將玉器命爲牙璋，但對於其功用之解釋仍有不同，如馮漢

〔註38〕鄭來新：〈鄭州二里崗發現的商代玉璋〉，《文物》1966 年第一期；馮漢驥：〈記廣漢出土的玉器〉，《文物》1979 年第二期；戴應新：〈神木石峁龍山文化玉器〉，《考古與文物》1988 年第五、六期合刊；李學勤：〈論香港大灣所出牙璋及有關問題〉，《南方文物》1992 年第一期，25～29，18。

驥先生認爲：

> 牙璋是與軍旅有關的，其作用與後代的虎符相似，之所以名爲牙璋，
> 是因爲牙含有尖銳、攻擊、示威的意義。一般的璋的射部，本來是
> 一側垂直，一側斜上，有如半圭，而廣漢這三件璋，其射部剡出叉
> 形，中間開刃，它的形狀正象牙齒，而且直伸向前，攻擊威脅之意
> 十分明顯。〔註39〕

則是按漢代舊說及記載，將牙璋視爲虎符一類兵符信憑的前身。

戴應新先生則認爲：

> 牙璋蓋源自農耕工具耒耜，是仿耒耜的形狀而作的瑞玉，其理甚明，
> 也是古人重農思想的反映。

又：

> 牙璋既源於農具耒耜，則其用途正如戈鉞類武器形狀的瑞玉與軍
> 旅有關一樣，它必然與農是有關。我以爲是用作祈年的禮器，面
> 且其齒牙還很像破土而出的禾稼的嫩牙，植物的根鬚又何其相
> 似。〔註40〕

戴應新先生的意見認爲牙璋仿耒耜農器之形，又有禾稼嫩芽之形隱含其中，
筆者認爲戴先生之說可備一說，但目前尚無更多證據證明其說全然可信。但
關於「作祈年的禮器」之說，則有其可能。

而楊亞長先生提出三點論證，認爲「由牙璋的形制及出土情況均不能證
明其與均是有某種聯繫」，他提出下述三點：

> 第一，由於牙璋一般器身窄長而且扁薄，稍加著力即有可能折斷。
> 此外，有些牙璋不僅刃部魯鈍（如石峁 SSY10、13、15 號牙璋），
> 有的甚至不開刃（石峁 SSY18 號牙璋），說明牙璋不是實用的生產
> 工具和兵器。再以出土情況來看，目前凡有明確出土層位的牙璋全
> 部都發現於墓葬和祭祀坑中（如二里頭、大路陳村、大灣、三星堆
> 等），因此我們認爲牙璋應是與某種宗教祭祀活動有關的。

> 第二，牙璋亦不類似於虎符，因爲虎符需剖爲兩半，右半在君，領
> 虎符將帥執其左半，有事調軍時兩相對合以爲憑信；而牙璋則自成
> 整體，獨立存在，顯然不能起到與虎符相似的作用。

〔註39〕馮漢驥、童恩正：〈記廣漢出土的玉器〉，《文物》1979 年第二期，頁 33。
〔註40〕戴應新：〈神木石峁龍山文化〉，《考古與文物》1988 年第五、六期合刊。

第三，如果說牙璋與軍事有關也與出土情況不符。例如，神木石峁
龍山文化的聚落規模不大，而該地去集中出土有近四十多件牙璋（出
土之後散失以及尚未發現者還不計在內），因上人們不能不懷疑當時
總有那麼多的「兵旅」需要調查。〔註41〕

按，上文楊亞長先生所述，於第一、三點的討論可信，由考古發掘的實際發
現來論證，第二點則並非牙璋與虎符功用無涉的必然原因，牙璋雖非如虎符
以剖半合符為外形，但若真為軍旅所用，也有做為信憑而無合符之性質的可
能，但楊亞長先生的論證及意見，仍極具參考之價值。

筆者的意見仍是認為牙璋與軍事信憑的制度並無明顯的關連，而牙璋的
作用可能與宗教祭祀活動有關的說法，顯然是較為可信的。

〔註41〕楊亞長：〈淺論牙璋〉，《文博》2001年四期，頁47。

第三章　先秦符節彙編校釋

　　本章的研究核心在於對先秦符節進行整體而全面的研究，因此對於目前所能見的先秦符節各類相關資料加以彙編，並對於銘文通讀校釋。本文所收錄的每一個符節器，都包括【器號】、【器名】、【器形及說明】、【出土地】、【典藏地】、【著錄】、【釋文】、【註釋】、【斷代及國別】、【相關研究文獻】、【備註】共十一個細目對各器加以校釋。而以下則對說明各細目加以說明，以爲本章之凡例：

【器號】：本文對於符節器重新排序之序號。

【器名】：依本文所討論考釋的成果對各器加以定名。

【器形及說明】：擇取各著錄中最爲清晰、精良之搨本、摹本展示其器形，並於器形圖片下對器物外形、構造，載錄銘文字數加以描述說明。

【出土地】：紀錄器物的出土地點，若爲傳世器物則以不詳述之。

【典藏地】：說明器物的收藏、流傳情況，如曾經經手收藏之人名及現今器物之典藏地點，若器物已亡佚，則以「不詳」述之。

【著錄】：紀錄曾經著錄器物的金文著錄專書、圖錄及研究文獻中關於器形、銘文的記載加以統整，以明器物流傳的情況，便於檢索及查找資料。

【釋文】：將銘文以嚴式隸定書寫，並以（）表示通讀字，以〔〕表示缺字補字。若銘文有分行分段的情況，則以原銘文之分行、分段、字數書寫，再另列出全文通讀。

【註釋】：對銘文需要考釋論證的字予以註釋，以〔〕加上數字標著於【釋文】文字旁。

【斷代及國別】：說明器物的時代及國別。

【相關研究文獻】：羅列出與器物直接相關或間接相關的研究文獻資料。

【備註】：與器物研究有關的備註說明。

【器號】1

【器名】節節

【器形】

引自劉體智：〈節節〉，《小校經閣金石文字》卷九，頁 105。

器形呈長條之形，僅銘文一字可識。

【出土地】

不詳

【現況說明】

鄒安舊藏，《周金文存》搨本云：「己未四月得」〔註1〕。今不詳其所在。

【著錄】

《集成》器號	12086
著　　　錄	鄒安：〈節〉，《周金文存》，1916 年，卷六下，頁 129 右。
	劉體智：〈節節〉，《小校經閣金石文字》，1935 年，卷九，頁 105。
	中國社會科學院考古研究所編：《殷周金文集成》，第十八冊，北京：中華書局，1994 年 12 月，器號 12086，頁 341。

【釋文】

▨節〔1〕

〔註1〕〔清〕鄒安：〈節〉，《周金文存》卷六下，頁 129。

【註釋】

〔1〕器形搨本爲長條形，詳細的器形不可得知，銘文可辨僅一「節」字，爲銘文最末字，其前應有字磨滅不可識。考察銘文「節」字的寫法，有助於器物國別的辨識，下表列出各分域「節」字寫法：

3.1.1「節」字字形表

字形					
出處	《鄂君啓車節》，《集成》卷十八，器號 12112	《郭店・成之聞之》26	《上博（一）・性情論》12	《上博（四）・曹沫之陳》44	《上博（五）・姑成家父》6
分域	楚系				

字形					
出處	《中山王𧲣方壺》，《集成》卷十五，器號 9735	《陳純釜》，《集成》卷十六，器號 10371	《子禾子釜》，《集成》卷十六，器號 10374	《先秦編》394	《齊幣圖釋》58
分域	三晉系（中山國）	齊系			

從上表不同分域間的寫法，可見《節節》之「節」字與齊國量器《子禾子釜》「節」字相近，但值得注意的是，齊系「節」字常見作兩個偏旁有橫筆相連，如上舉《陳純釜》及齊系貨幣的例子，是與各系「節」字間最明顯的差異。《子禾子釜》不見橫筆相連，也可能是搨印漏失造成的。何琳儀先生也認爲包括《節節》在內的九件符節銘文據文字風格可定爲齊器。〔註2〕但因銘文僅一節字可識，故銘文文意不可知。

【斷代及國別】

戰國齊器

【主要參考文獻】

未見專文論著

〔註 2〕 何琳儀先生共列舉《節節》、《乘虎符》、《麞殿》、《猶節》、《馬節》、《熊節》、《柝䏨者節》、《辟大夫虎節》、《貴將軍虎節》九件符節器爲齊器（德榮按：器名從何琳儀先生所述原文）。見何琳儀：《戰國文字通論（訂補）》（江蘇：江蘇教育出版社，2003 年 1 月），頁 87。

【器號】2

【器名】麿尿節

【器形】

引自中國社會科學院考古研究所編：《殷周金文集成》（修訂增補本）第八
冊，器號 12088，頁 6589。

　　據鄒安《周金文存》對器形的摹寫，器形上為圓柱下為球形，兩者相連，
圓柱上有一似握柄之物。器銘僅有二字鑄於圓柱之上。

【出土地】

　　不詳

【典藏地】

　　鄒安舊藏〔註3〕，今不詳其所在。

【著錄】

《集成》器號	12088
著　　　　錄	鄒安：〈麿尿節〉，《周金文存》，1916 年，卷六下，頁 129 左。
	劉體智：〈麿尿節〉，《小校經閣金石文字》，1935 年，卷九，頁 105。
	中國社會科學院考古研究所編：《殷周金文集成》，第十八冊，北京：中華書局，1994 年 12 月，器號 12088，頁 342。

【釋文】

　　麿尿〔1〕

〔註 3〕中國社會科學院考古研究所編：《殷周金文集成》（修訂增補本）第八冊（北京：中華書局，2007 年），頁 6650。

【註釋】

〔1〕本器由搨本來看，對原器器形的瞭解幫助不大，鄒安《周金文存》對器形摹寫作〔註4〕：

可知本器上為圓柱下為球形，兩者相連，圓柱上有一似握柄之物。器銘僅有二字鑄於圓柱之上。何琳儀先生認為據文字風格可定為齊器〔註5〕。今試從僅有二字進行析論，對本器的作用、銘文意義與分域進行探討。

（一）

為求方便討論，先製一字表如下：

字形			
出處	麐尿節	《秦公簋》，《集成》卷八，器號 4315.2-8	《伯其父匜》，集成》卷九，器號 4581-9
代號	A	B	C

字形上從「鹿」下從「文」，字形最早見於甲骨文，作「　」（《前》四·四七·三、《合集》36836）、「　」（《存下》九一五、《合集》36975），《秦公簋》銘文有：「唆叀在立，高引有 B」（《集成》卷八，器號 4315.2～8）；《伯其父匜》：「唯伯其父 C 作旅匜」（《集成》卷九，器號 4581～9），而《說文》有「麐」字：「麐，牝麒也，從鹿吝聲」〔註6〕，小篆作　，高田忠周先生認為篆文下從「吝」，《秦公簋》銘文從「文」，「吝」原從「文」聲，則知「麐」為「麐」省，其說可從〔註7〕。唐蘭先生據《說文》「麟，大牝鹿也」、「麐，牝麒也，從鹿吝聲」認為「麟」字本當作「麐」，並以「麐」為麠屬，麠即麒麟之合音。而「麐」

〔註4〕鄒安：《周金文存》卷六下，頁 129。
〔註5〕見何琳儀：《戰國文字通論（訂補）》（江蘇：江蘇教育出版社，2003 年 1 月），頁 87。
〔註6〕〔漢〕許慎著、〔清〕段玉裁注：《說文解字注》（台北：洪葉文化事業有限公司，2005 年 10 月），頁 475。
〔註7〕〔日〕高田忠周：《古籀篇》卷九三（臺北：大通書局，1982 年），頁 2136。

從文聲，故轉語爲驫，《說文》「騼，馬赤鬣縞身，目若黃金，名曰吉黃之乘，犬戎獻之。」《周書·王會》解作吉黃。《海內北經》「犬戎有馬，名曰吉量。」「吉黃」、「吉量」合音正與「驫」同。文馬名曰吉量，而文驫謂之驫，則慶或讀驫，故秦公簋假爲慶字〔註8〕。郭沫若先生以《秦公簋》「B」爲「慶」之正字〔註9〕，李孝定先生舉契文自有從鹿從心之慶字作 （《後上》11.2、《合集》24474），《秦公簋》假借爲「慶」〔註10〕，可知郭說非是。金文有「慶」字作 （《五祀衛鼎》）、（《召伯簋》）〔註11〕，《秦公簋》作「麿」當是「慶」之假借，「有慶」一語爲古之成語，如《尚書·周書·呂刑》：「一人有慶，非民賴之。」〔註12〕、《孟子·告子下》：「入其疆，土地辟，田野治，養老尊賢，俊傑在位，則有慶，慶以地。」〔註13〕銘文 A 對比《伯其父匜》C 字，可知爲同字，《伯其父匜》知爲春秋早期器，出土地並不詳，亦無明確之斷代〔註14〕。「鹿」字的寫法隨著分域有所差異，試看戰國各分域「鹿」字寫法：

3.2.1「鹿」字字形表

字形				
出處	《包山》179	《包山》246	《陶文圖錄》2.610.2	《陶文圖錄》3.460.5
分域	楚系		齊系	

字形	鹿	鹿
偏旁		
出處	《十四年銅虎》，《集成》卷十六，器號10443	《十四年帳橛》，《集成》卷十六，器號10474
分域	三晉系（三晉系尚未見「鹿」之單字，故分析從「鹿」偏旁示之）	

〔註 8〕唐蘭：〈獲白兕考〉，《史學年報》第四期，1932 年，頁 120～122。

〔註 9〕郭沫若：《金文叢考》（北京：人民出版社，1954 年 6 月），頁 121，總頁 132。

〔註10〕李孝定：《甲骨文字集釋》第十（台北：中央研究院歷史語言研究所，1974 年），頁 3061～3062。

〔註11〕容庚：《金文編》（北京：中華書局，2009 年 9 月），字頭 1723，頁 716。

〔註12〕〔漢〕孔安國傳、〔唐〕孔穎達疏：《尚書注疏》，台北：藝文印書館，1979 年，頁 25，總頁 300。

〔註13〕〔戰國〕孟子、〔漢〕趙岐注、孫奭疏：《孟子注疏·告子下》，台北：藝文印書館，1979 年，卷十二，頁 1，總頁 218。

〔註14〕見中國社會科學院考古研究所編：《殷周金文集成釋文》第三冊，香港：香港中文大學中國文學研究所，2001 年，器號 4581，頁 559。

上述各分域「鹿」字的寫法，特色在於頭部鹿角的寫法不同，上部在寫法上與楚系、三晉系有較爲明顯的差異，而與「𤞤」（《存下》九一五、《合集》36975）、𤟥（《伯其父簠》）寫法較近。考察上述唐蘭先生將「麢」認爲是「麟」之本字，或《秦公簋》假「麢」爲「慶」之例，因銘文過簡，則𤟥字暫不作通讀。

（二）𡰪

爲方便討論，先製一字形表如下：

字形	𡰪	𡰪	𥃹
出處	麢尸節	《師寰簋》，《集成》，器號 4313.2-8	《曾侯乙》
代號	A	B	C

字形上從「尸」下從「爪」，《《殷周金文集成》釋文》釋爲「尻」〔註15〕，係直接隸定；何琳儀先生釋爲「殿」〔註16〕。按，《師寰簋》有 B 字，其上下文例作：

　　　今余肇令女（汝）：達（率）〔齊〕𠂤（師）、眔、釐、僰、𥃹左右虎
　　　臣正（征）淮夷

劉釗先生指出，《史密簋》有銘文作：

　　　師俗達（率）齊𠂤（師）、述（遂）人左，□伐長必；史密右，達（率）
　　　族人、釐（萊）白（伯）、僰𥃹，周伐長必，隻（獲）百人。〔註17〕

劉釗先生認爲銘文中的𥃹字從「尸」從「𠂤」，隸定爲「屌」。並引裘錫圭先生的意見，認爲「𠂤」爲「堆」、「脽」之古字，而「脽」與「臀」爲同源關係〔註18〕。而劉釗先生說：

〔註15〕中國社會科學院考古研究所編：《《殷周金文集成》釋文》（香港：香港中文大學出版社，2001 年 10 月），頁 769。

〔註16〕何琳儀：《戰國文字通論（訂補）》（江蘇：江蘇教育出版社，2003 年 1 月），頁 87。

〔註17〕文字摹本引自張懋鎔、趙榮、鄒東濤：〈安康出土的史密簋及其意義〉，《文物》1989 年第七期，頁 65。

〔註18〕裘先生的意見詳參〈釋殷墟卜辭中與建築有關的兩個詞——「門塾」與「𠂤」〉，《出土文獻研究續集》，（北京：文物出版社，1989 年 12 月），頁 3。

甲骨文中有「庭𦥑」一詞，裘錫圭先生在上引文章中將其讀爲「庭殿」，指出「庭𦥑」是指大庭的殿堂而言。「𦥑」、「脽」、「殿」、「臀」都是同源詞，既然甲骨文的「庭𦥑」可以讀爲「庭殿」，史密簋的「𡱮」字釋爲「展」，也就自然可以讀爲「殿」。〔註19〕

進一步對比《史密簋》、《師袁簋》兩器銘文文例，則《師袁簋》的 A 字也應釋爲「展」讀爲「殿」。劉釗先生說：

> 在相當於史密簋「𡱮」字的位置，師袁簋用的是「屎」字。這兩個字都從「尸」，從銘文文意、語法位置和字形結構上看，這兩個字所記錄的應該是同一個詞。按「屎」字從尸從爪，我們認爲應該釋爲「展」，在銘文中也讀爲「殿」。戰國時期曾侯乙墓竹簡中的「展」字作「𦥔」，從尸從爪從丌，其上部結構與師袁簋的「屎」字完全相同，只是後來又增加了意符「丌」。可見將「屎」釋爲「展」有其字形上的依據。〔註20〕

按，劉釗先生之說甚確，《曾侯乙》楚簡有 C 字〔註21〕，在《曾侯乙》楚簡文例中，C 字也是讀爲「殿」的，整理者認爲字形隸定作「展」或作「輾」，並當讀爲指殿後兵車的「殿」〔註22〕。《師袁簋》、《曾侯乙》楚簡的寫法則是「𦥑」進一步譌爲「爪」形的寫法。而從上舉的《師袁簋》爲齊器，則符節銘文的 A 應是齊系特色的寫法，應隸定爲「屎」。

銘文釋爲「䗖屎」，讀法待考。

【斷代及國別】

戰國齊器

【相關研究文獻】

未見專文論著

〔註19〕 劉釗：〈談史密簋銘文中的「𡱮」字〉，《考古》1995 年第五期，頁 434。
〔註20〕 劉釗：〈談史密簋銘文中的「𡱮」字〉，《考古》1995 年第五期，頁 435。
〔註21〕 字形見簡 13：大一；簡 22：左一；簡 124：大一；簡 127：左一；簡 130：左彤一；簡 136：右禫一。
〔註22〕 見湖北省博物館：《曾侯乙墓》（上）（北京：文物出版社，1989 年 7 月），頁 512 註 76。

【器號】3

【器名】懲節

【器形及說明】

引自中國社會科學院考古研究所編：《殷周金文集成》（修訂增補本）第八
冊，器號 12089 頁 6589

　　尚未見原器圖版之著錄，因此器形全貌並未得見。但以搨本觀之，原器
形應爲長方體，上有銘文兩字，兩字間有一圓穿孔，用於繫繩佩戴。

【出土地】

　　不詳

【典藏地】

　　方若舊藏，現藏中國國家博物館。〔註23〕

【著錄】

《集成》器號	12089
著　　錄	中國社會科學院考古研究所編：《殷周金文集成》，第十八冊，北京：中華書局，1994 年 12 月，器號 12089，頁 342。

【釋文】

　　懲〔1〕節

〔註23〕中國社會科學院考古研究所編：《殷周金文集成》（修訂增補本）第八冊（北
　　　　京：中華書局，2007 年），頁 6650。

【註釋】

〔1〕《戀節》搨本呈長方形，原器器形未見。銘文共計有兩字，兩字中間有 形，應是原器上的圓孔，可用於結繩，將節繫於身上攜帶。文字雖僅有兩字，但從文字風格寫法來看，可推定為齊器。先從 的寫法來看（為行文方便，下文以 A 代替），上從「猷」，而「猷」字的寫法各分域有其差異，列表於下：

3.3.1「猷」字字形表

字形				
出處	《郭店·老子甲》8	《郭店·老子丙》2	《上博（一）·孔子詩論》21	《郭店·性自命出》7
分域	楚系			

字形					
出處	《侯馬》三·一七	《中山王𪭢鼎》，《集成》卷五，器號 2840	《古璽彙編》1827	《古璽彙編》3143	《陳純釜》，《集成》卷十六，器號 10371
分域	三晉系				齊系

從上表可知各系「猷」字寫法的差異主要在於「犬」旁的不同，A 所從的「犬」旁 與《陳純釜》的「犬」旁寫法 完全相同，可知 A 字確帶有齊系文字的寫法特色。至於其下所從的偏旁並不是很清楚，《《殷周金文集成》釋文》將字釋為「懰（憯）」〔註 24〕，則是將其下所從釋為「心」，考察各系文字中偏旁「心」的寫法：

3.3.2「心」字字形表

字形				忌	忘
偏旁					
出處	《包山》218	《郭店·五行》10	《斜鎛》，《集成》卷一，器號 0217	《龜公華鐘》，《集成》卷一，器號 0245	《十四年陳侯午敦》，《集成》卷九，器號 4646
分域	楚系		齊系		

〔註24〕中國社會科學院考古研究所編：《殷周金文集成》（修訂增補本）第八冊（北京：中華書局，2007 年），頁 6589。

字形			思	息
偏旁				
出處	《侯馬》三：六	《溫縣》WT1K1：3417	《古璽彙編》3770	《陶文圖錄》4.56.4
分域	三晉系		燕系	

考察上表，各系「心」字的寫法並無顯著的差異，而齊系的寫法則有在框內加一小點的寫法如 、。A 字下部所從的偏旁作 ，其中外框較長的一筆由右向左延伸，考察各系寫法外框較長的一筆，皆以由左向右延伸為主，而在齊系文字中也見外框較長的一筆由右向左延伸的寫法：

字形	仞	志	態	忎
偏旁				
出處	《陶文圖錄》3.265.1	《陶文圖錄》2.17.1	《陶文圖錄》3.434.1	《滕之不忎劍》，《集成》卷十八，器號11608

則筆者認為 A 字所從應為「心」，字形當隸定為「戀」。

其次，則是「節」字的寫法，上文曾在《節節》的討論過中談到「節」字的寫法，《戀節》的寫法與齊系常見的「兩個偏旁有橫筆相連作 」相符，通過上述兩字的考察，可知應釋為齊國器。

而《戀節》整體的器形從搨本來看，是無法確認的，搨本僅為器形的一部分，銘文文意待考。

【斷代及國別】

戰國齊器

【相關研究文獻】

尚未見專文著述之。

【器號】4

【器名】齊大夫馬節

【器形及說明】

引自中國社會科學院考古研究所編：《殷周金文集成》（修訂增補本）第八
冊，器號 12090 頁 6590

【出土地】

不詳

【現況說明】

《增訂歷代符牌圖錄》言上虞羅氏藏。此器羅振玉舊藏，現藏中國社會
科學院考古研究所〔註25〕。

【著錄】

《集成》器號	12090
著　　錄	羅振玉：〈齊夫夫牛節〉，《增訂歷代符牌圖錄》，1925 年，圖錄上，頁 2 右上。
	羅振玉：〈馬節〉，《貞松堂吉金圖》，1935 年，卷中，頁 45。
	羅振玉：〈齊馬節〉，《三代吉金文存》，1937 年，卷十八，頁 31 左，上。

〔註25〕 羅振玉：《增訂歷代符牌圖錄‧圖目》，收入《羅雪堂先生全集》七編第二冊，
　　　　據乙丑冬東方學會影印（台北：大通書局，1976 年），頁 1，總頁 449；中國
　　　　社會科學院考古研究所編：《殷周金文集成》（修訂增補本）第八冊（北京：
　　　　中華書局，2007 年），頁 6650。

著　　錄	嚴一萍編：〈齊馬節〉，《金文總集》，臺北：藝文印書館，1983 年，器號 7891，頁 4590。
	中國社會科學院考古研究所編：《殷周金文集成》，第十八冊，北京：中華書局，1994 年 12 月，器號 12090，頁 343。
	山東省博物館：〈齊馬節〉，《山東金文集成》下冊，濟南：齊魯書社，2007 年 6 月，頁 919。

【釋文】

齊〔1〕節夫＝（大夫）〈右行〉

□〔2〕五秦（乘）〔3〕〈左行〉

齊節。大夫□五乘。〔4〕〈通讀〉

【註釋】

〔1〕▨（爲求行文方便，下文以 A 代之）羅振玉先生、《《殷周金文集成》釋文》、何琳儀先生三家釋爲「齊」〔註26〕，孫剛先生釋爲待考字存疑〔註27〕。字形不清晰，若釋爲「齊」字，對比古文字中「齊」的寫法：

3.4.1「齊」字字形表

字形	▨	▨	▨	▨	▨
出處	《前》二・一五・三	《明》一七四九	《郭店・緇衣・二四》	《上博（一）・紂衣・四〇》	《新蔡・甲三・二七二》
分域	甲骨		楚系		

字形	▨	▨	▨	▨
出處	《▨羌鐘》，《集成》卷一，器號 157	《齊太宰歸父盤》，《集成》卷十六，器號 10151	《齊陳曼簠》，《集成》卷九，器號 4596	《魯司徒仲齊盤》，《集成》卷十六，器號 10116
分域	三晉系	齊系		

〔註26〕羅振玉：《三代吉金文存》卷十八，頁 31；中國社會科學院考古研究所編：《《殷周金文集成》釋文》（香港：香港中文大學出版社，2001 年 10 月），頁 769；何琳儀：《戰國文字通論（訂補）》（江蘇：江蘇教育出版社，2003 年 1 月），頁 87。

〔註27〕孫剛：《齊文字編》（福州：福建人民出版社，2010 年 1 月），頁 145。

字形	鄭	鄭
偏旁		
出處	《古璽彙編》1598	《古璽彙編》1599
分域	燕系	

若 A 爲「齊」字，應會接近上表《齊太宰歸父盤》的寫法，中間豎筆長於左右兩筆，但銘文三劃豎筆頭部的尖端（也就是《說文》所說：「禾麥吐穗上平也」所象的「禾麥吐穗」）雖不清晰，今仍暫釋爲「齊」。

〔2〕字形不清晰作 （下文爲行文方便，以 A 代替），《《殷周金文集成》釋文》釋爲「欧」或「戻」、「欣」〔註28〕，則是將 釋爲「尸」旁，或疑下方有兩橫筆，故又釋爲「㠯」。「尸」旁的寫法常見於古文字：

3.4.2「尸」字字形表

字形					居	尾
偏旁						
出處	《後》一·一三·五	《前》七·三〇·二	《盂鼎》	《豐兮尸簋》	《鄂君啓車節》，《集成》，卷十八，器號 12112	《曾侯乙》35
備註	甲骨		金文		楚系	

字形	反	屖	居	居
偏旁				
出處	《陶文圖錄》3.231.1	《叔夷鏄》，《集成》卷一，器號 285-8	《古璽彙編》4097	《上官豆》，《集成》卷九，器號 4688
分域	齊系		三晉系	

由上表可見，從甲骨文起以致戰國各系文字間，「尸」的寫法並沒有很大

〔註28〕中國社會科學院考古研究所編：《《殷周金文集成》釋文》（香港：香港中文大學出版社，2001 年 10 月），頁 769。

的差異，將 A 字的左旁釋爲「尸」的疑慮在於，的上部並無「彳」旁上部皆有的一小橫筆，因此筆者認爲應存疑之。至於 A 字右旁，《《殷周金文集成》釋文》釋爲「欠」，但從搨本來看，字形十分不清，筆者認爲亦應以存疑釋之。

而何琳儀先生釋 A 字爲「遂」〔註29〕，「遂」字小篆作，《說文》古文作，古文字中，「遂」字比較少見，但據小篆及《說文》古文，將 A 字釋爲「遂」不確。A 字於此則存疑待考之。

〔3〕字形作，與（《陶文圖錄》2.404.4）、（《陶文圖錄》2.475.2）寫法相合，釋爲「乘」字無疑，也是齊系文字的特殊寫法。

〔4〕銘文釋文可通讀爲「齊節。大夫□五乘。」首兩字「齊節」，「齊」所指有二種可能：一爲指的是持有者之名；二、爲國別之名，換言之即自稱爲「齊國的節」。參考目前所見的符節器，如《鄂君器節》銘文就記載了「爲鄂君啓之府賍鑄金節」，節的持有者載明於器上的例子，是較有依據的。而若釋爲自稱國別之名，則需要考慮符節器有無跨國別使用的可能性，但如《鄂君器節》所記載的貿易路線，都是在楚國境內，雖然僅就《齊大夫馬節》的銘文與《鄂君器節》相較在記載的詳細度跟體例上都有差距，但仍可相互參照，至目前仍未見符節器有跨國使用的記載。而「大夫□五乘」，對比《亡縱熊符》銘文所載的「亡縱一乘」，「五乘」指的也應是車馬或貨運的數量，只是爲釋讀關鍵的「大夫」與「五乘」間的一字銘文殘損，因此整體的文意無法確論，暫存疑之。

【斷代及國別】

戰國齊器

【相關研究文獻】

未見專文著述。

〔註29〕何琳儀：《戰國文字通論（訂補）》（南京：江蘇教育出版社，2003 年 1 月），頁 87。

【器號】5

【器名】騎傳馬節

【器形】

引自中國社會科學院考古研究所編：《殷周金文集成》（修訂增補本）第八
冊，器號 12091 頁 6590

【出土地】

不詳

【現況說明】

《衡齋金石識小錄》言南皮張氏舊藏，《周金文存》言江寧胡彝□藏。後
歸北京故宮博物院，現藏中國國家博物館。〔註30〕

【著錄】

《集成》器號	12091
著　　　　錄	鄒安：〈馬符〉，《周金文存》，1916 年，卷六下，頁 127 右。
	羅振玉：〈騎□馬節〉，《增訂歷代符牌圖錄》，1925 年，圖錄上，頁 1 左下。
	黃濬：〈騎傳馬節〉，《衡齋金石識小錄》，1935 年，上卷，頁 25。
	羅振玉：〈騎□馬節〉，《三代吉金文存》，1937 年，卷十八，頁 31 右，左上。
	嚴一萍編：〈騎傳馬節〉，《金文總集》，臺北：藝文印書館，1983 年，器號 7888，頁 4589。
	中國社會科學院考古研究所編：《殷周金文集成》，第十八冊，北京：中華書局，1994 年 12 月，器號 12091，頁 343。

〔註30〕黃濬：《衡齋金石識小錄》，頁 2，收入《石刻史料新編》第三輯第四十冊，台
北：新文豐出版公司，1986 年，總頁 490；鄒安：《周金文存》（1921）卷六，
台北：台聯國風出版社，1978 年，頁 127；中國社會科學院考古研究所編：《殷
周金文集成》（修訂增補本）第八冊（北京：中華書局，2007 年），頁 6650。

【釋文】

　　騎連（傳）比屒（郵）[1]

【註釋】

　　[1] 銘文共有四字，字形都很清晰，何琳儀先生、吳振武先生有專文對《馬節》論之，都言據銘文的分域特徵可知爲燕國之器[註31]。以下則逐字析論之。

（一）

　　字形左從「馬」右從「奇」，可知爲「騎」字無疑，惟偏旁「馬」的寫法可推論《馬節》的國別特徵，下則將古文字中「馬」的寫法羅列之：

3.5.1「馬」字字形表

字形							
出處	《鐵》二·二	《甲》三六二	《宅簋》	《九年衛鼎》	《包山》二·二二	《新蔡》甲三·三一六	《曾侯乙》一二八
分域	甲骨		金文		楚系		

字形						
出處	《侯馬》一八五：九	《古璽彙編》2757	《先秦編》，頁299	《邾大夫馬戈》，《集成》卷十七，器號11026	《古璽彙編》5542	《陶文圖錄》2.352.2
分域	三晉系			齊系		

字形			
出處	《郾侯載簋》，《集成》卷十六，器號10583	《古璽彙編》50	《古璽彙編》55
分域	燕系		

　　「馬」的寫法構形自甲骨文的象形逐漸簡化，各分域的寫法雖各有差異，但代表馬特徵的頭部及鬃毛都保留了下來，而銘文左旁作，字形呈三角

[註31] 何琳儀：《戰國文字通論（訂補）》（江蘇：江蘇教育出版社，2003年1月），頁102；吳振武：〈燕馬節補考——兼釋戰國時代的「射」字〉，《中國古文字研究會第八屆年會論文》，江蘇太倉，1990年11月，頁1。

形，下方有兩筆代表省形的符號「＝」〔註32〕，與上表《古璽彙編》2757（三晉系）、《古璽彙編》55（燕系）的寫法比較接近，雖然寫作三角形的寫法是齊系「馬」字所常見的，但無法完全由偏旁「馬」的寫法斷爲燕器，《馬節》的國別特徵仍須由其他銘文綜合討論之。

（二）

唐蘭先生隸定「犇」當即「遺」，亦即「傳」〔註33〕。按，唐蘭先生釋爲「傳」甚是，但誤將下一字認爲是偏旁，吳振武先生指出其誤，詳細的討論參下文（三）。上文於《王命龍節》曾討論過「迹」的寫法及讀法，而「迹」應是僅見於楚系文字的寫法，用作「傳」字。楚璽又有（《古璽彙編》0203），《古璽彙編》釋爲「連」讀「傳」，其中「辵」旁下部的「止」寫法與「舟」接近作，細察左邊的豎筆較細，應非實際的筆畫，還是從「止」爲確。另外齊陶文有（《陶文圖錄》2.406.4），《齊文字編》隸定爲「遺」〔註34〕，可從，在陶文中也應是讀爲「傳」的。

（三）

爲方便討論，先製一字形表如下：

字形		
代號	甲	乙

唐蘭先生於上一字隸定爲「犇」，則以「甲」爲「廾」（即「収」），認爲是「乙」所從的偏旁之一〔註35〕，吳振武先生指出其誤，認爲「A」絕非「収」字，亦非「乙」的偏旁之一〔註36〕。按，吳說爲確，「廾」甲骨文作（《甲》一七六九），小篆作，與「甲」字形相去甚遠，且「甲」應獨立爲一字。吳振武先生認爲「甲」應釋爲「比」，茲錄其說如下：

《說文》說「反从爲比」，在一定程度上反映了「比」字演變的趨勢。

〔註32〕 何琳儀：《戰國文字通論（訂補）·第六章　戰國文字形體演變》，〈第六節　特殊符號，三、省形符號〉江蘇：江蘇教育出版社，2003 年 1 月，頁 253。
〔註33〕 唐蘭：〈王命傳考〉，北京大學《國學季刊》六卷四號，1946 年，頁 72。
〔註34〕 孫剛：《齊文字編》（福州：福建人民出版社，2010 年 1 月），頁 45。
〔註35〕 唐蘭：〈王命傳考〉，北京大學《國學季刊》六卷四號，1946 年，頁 72。
〔註36〕 吳振武：〈燕馬節補考——兼釋戰國時代的「射」字〉，《中國古文字研究會第八屆年會論文》，江蘇太倉，1990 年 11 月，頁 1。

在戰國文字資料中，「從」字所從的「从」往往作：

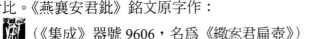《金文編》578 頁（1985 年版，下同）

《古璽文編》213 頁

如將他們反過來寫，即跟此字非常接近。此外，戰國璽印中含有「人」

形的「身」和「厂」或作：

《古璽文編》216 頁

同上 190～203 頁

其「人」形的寫法也可證明此字應釋為「比」。燕襄安君鉈「鉈」字

所從之「比」作：

《三代吉金文存》18.15.1

亦可資比較（豎畫出頭當是刻畫不慎所致）〔註37〕。

按，吳振武先生之說可從，則是燕系「比」字的寫法，可以和《馬節》
字對比。《燕襄安君鉈》銘文原字作：

（《集成》器號 9606，名為《繳妄君扁壺》）

從銘文的刻畫字跡來看，字形中間的「金」旁左上少了一筆撇畫，及左
旁的有歧出的筆畫，可知銘文在刻劃上並不精細，則吳振武先生所提到的「豎
畫出頭當是刻畫不慎所致」甚確。

（四）

為方便討論，先製一字形表如下：

字形				
出處	騎傳馬節	字偏旁	鷹節	鷹節
代號	A	B	C	D

　　唐蘭先生釋為「矦」，以為「矦」當是候館〔註38〕，而釋為「矦」即「侯」，
吳振武先生提出駁議，認為其字應從「弓」從「矢」，釋為「张」，讀作「驛」

〔註37〕吳振武：〈燕馬節補考——兼釋戰國時代的「射」字〉，《中國古文字研究會第
　　　　八屆年會論文》，江蘇太倉，1990 年 11 月，頁 1～2。
〔註38〕唐蘭：〈王命傳考〉，北京大學《國學季刊》六卷四號，1946 年，頁 72。

〔註 39〕。李家浩先生則隸定爲「矣」讀爲「郵」〔註 40〕。首先討論吳振武先生的意見，戰國文字中「弓」作：

3.5.2「弓」字字形表

字形	![字形1]	![字形2]	![字形3]	![弧] 弧	![弳] 弳	![彊] 彊
偏旁				![偏旁弧]	![偏旁弳]	![偏旁彊]
出處	《包山》260	《曾侯乙》33	《古璽彙編》3139	《侯馬》一七九：五	《侯馬》一四九：一二	《古璽彙編》0079
分域	楚系			三晉系		

字形	![弛] 弛	![弴] 弴	![弢] 弢	![張] 張	![弴2] 弴	![弨] 弨
偏旁	![偏旁弛]	![偏旁弴]	![偏旁弢]	![偏旁張]	![偏旁弴2]	![偏旁弨]
出處	《陶文圖錄》2.243.1	《古璽彙編》0336	《鄭叔之子平鐘》，《集成》卷一，器號174	《古璽彙編》3349	《古璽彙編》2749	《古璽彙編》3248
分域	齊系			燕系		

考察上表各分域「弓」字的寫法，可理一表如下：

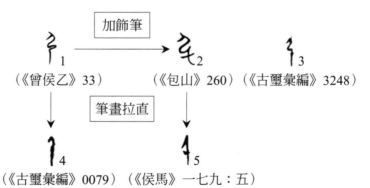

上表各字形之間不一定存在著演變上的先後關係，但 1 應是「弓」的標

〔註 39〕 吳振武：〈燕馬節補考──兼釋戰國時代的「射」字〉，《中國古文字研究會第八屆年會論文》，江蘇太倉，1990 年 11 月，頁 2。

〔註 40〕 李家浩：〈傳遽鷹節銘文考釋──戰國符節銘文研究之二〉，《海上論叢》第二輯，1998 年，頁 18～21。

準寫法，2、3 在豎畫線條上加飾筆和點飾也是戰國文字常見的現象，而其中 （《古璽彙編》0079）將曲筆拉直，寫法則與《馬節》作 相近，故吳振武先生釋 爲「弓」。至於釋爲「矢」，對比古文字中「矢」的幾個寫法：

3.5.3「矢」字字形表

字形					
偏旁					
出處	《曾侯乙》65	《上博（一）・孔子詩論》22	《上博（二）・容成氏》2	《侯馬》二○○：二五	《春成侯壺》，《集成》卷十五，器號 9616
分域	楚系			三晉系	

字形					
偏旁					
出處	《十四年陳侯午敦》，《集成》卷九，器號 4646	《侯少子簋》，《集成》卷八，器號 4152	《郾侯職戈》，《集成》卷十七，器號 11223	《古璽彙編》2812	《古璽彙編》0323
分域	齊系		燕系		

　　楚系的「矢」字從倒矢之形，與其他分域相異〔註41〕，「B」是將矢頭 ↑ 的筆畫兩端向下拉長，而成 ∩ 形，則「B」釋爲「矢」可從。接著討論李家浩先生的說法。

　　李家浩先生對比《鷹節》中的「C」字，認爲與「A」爲同字，「A」上半的寫法爲變體，而「A」、「C」同爲「矣」字。又「矣」屬疑母，「郵」屬匣母，上古音疑、匣兩母有互諧的情況，又同爲之部字，則「矣」可讀爲「郵」〔註42〕。

〔註41〕「楚文字『矢』字作倒矢形，當是爲了避免與『入』、『內』同形。」其說可從。見李守奎、曲冰、孫偉龍主編：《上海博物館藏戰國楚竹書（一～五）文字編》（北京：作家出版社，2007 年 12 月），頁 280。

〔註42〕李家浩：〈傳遽鷹節銘文考釋——戰國符節銘文研究之二〉，《海上論叢》第二輯，1998 年，頁 20～21。

《說文》：「𣏟，未定也。從匕吳聲。吳，古文矢字」〔註43〕，而在《汗簡》尸部所收「矢」字古文，引《義雲切韻》字作 屎，寫法與「C」相類。李家浩先生注意到了這個問題，認爲「『戻』（德榮按：李先生將 屎 隸定爲「戻」）是一個形聲字，根據一般古文字形體變化規律，『戻』可以寫作 屎 之形，但無論如何不能寫作「C」、「D」之形。〔註44〕筆者認爲字形釋讀的思路可作下解：

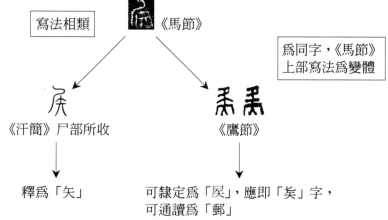

筆者認爲李家浩先生的意見給了學者很大的啓發，尤其是在傳抄古文字中將 E 一類的寫法釋爲「矢」的可能原因，在《汗簡》中也收錄了作 夫 的「矢」字寫法，屎 與「矢」形近，確有因形近而被當作「矢」來使用的可能。屎 與「A」應爲同字，和《鷹節》「D」爲異體字的關係，對比《說文》小篆 𥎀 所從左旁，將「A」釋爲「矣」，筆者從之。

至於應通讀爲何，李家浩先生認爲讀「郵」，是負責傳驛的機構，與上字連讀爲「比郵」。考察《史記》、《漢書》、《後漢書》中載有「郵」之地名，如《史記·白起王翦列傳》：「武安君既行，出咸陽西門十里，至杜郵。」、《史記·范睢蔡澤列傳》：「身所服者七十餘城，功已成矣，而遂賜劍死於杜郵。」、《史記·淮南衡山王列傳》：「臣請處蜀郡嚴道邛郵，遣其子母從居。」〔註45〕、

〔註43〕〔漢〕許慎著、〔清〕段玉裁注：《說文解字注》（台北：洪葉文化事業有限公司，2005 年 10 月），頁 388。

〔註44〕李家浩：〈傳遽鷹節銘文考釋——戰國符節銘文研究之二〉，《海上論叢》第二輯，1998 年，頁 20。

〔註45〕〔漢〕司馬遷著、〔日〕瀧川龜太郎注：《史記會注考證》（臺北：萬卷樓出版

《漢書・王莽傳》：「黃郵、召陵、新野之田爲入尤多，皆止於公，公欲自損以成國化，宜可聽許。」〔註46〕，值得注意的是《史記》中提及「杜郵」同爲記載白起之事，而地名與「郵」結合的詞組，幾見於漢代文獻，而在戰國時代，有無這樣的詞組，於此應有兩個可能性，一個可能在戰國時代並不構成這樣的詞組，因此典籍難見，二是確有如此詞組，且成爲固定結構的詞組，但史書典籍無錄。筆者暫於此從李家浩先生之說讀爲通讀「郵」。

【斷代及國別】

　　戰國燕器

【相關研究文獻】

1、唐蘭：〈王命傳考〉，北京大學《國學季刊》六卷四號，1946 年，頁 61～73。

【案】又輯入《唐蘭先生金文論集》，北京：紫禁城出版社，1995 年 10 月，頁 53
　　～61。

2、朱德熙、裘錫圭：〈戰國文字研究（六種）〉，《考古學報》1972 年第一期，頁
　　73～89。

【案】又輯入《朱德熙古文字論集》，北京：中華書局，1995 年 2 月，頁 31～53。

3、吳振武：〈燕馬節補考——兼釋戰國時代的「射」字〉，《中國古文字研究會第
　　八屆年會論文》，江蘇太倉，1990 年 11 月，頁 1～10。

4、李家浩：〈傳遽鷹節銘文考釋——戰國符節銘文研究之二〉，《海上論叢》第二
　　輯，1998 年，頁 17～33。

【案】又輯入李家浩：《著名中年語言學家自選集・李家浩卷》，合肥：安徽教育出
　　版社，2002 年 4 月，頁 82～100。

　　社，1993 年 8 月），頁 940；983；1265。

〔註46〕〔漢〕班固撰、〔唐〕顏師古注：《漢書》（北京：中華書局，1964 年 11 月），
　　頁 4067。

【器號】6

【器名】王命虎節（一）

【器形及說明】

圖版引自周世榮：〈湖南戰國秦漢魏晉銅器銘文補記〉，《古文字研究》第十
九輯，北京：中華書局，1992 年 8 月，頁 255 圖四十二；文字摹本引自中
國社會科學院考古研究所編：《殷周金文集成》（修訂增補本）第八冊，器
號 12094 頁 6591。

　　器形呈伏虎平版浮雕之狀，與其他傳世《虎節》相同，所載銘文亦相同。

【出土地】

　　不詳

【典藏地】

　　現藏湖南省博物館。〔註47〕

【著錄】

《集成》器號	12094
著　　　錄	周世榮：〈湖南戰國秦漢魏晉銅器銘文補記〉，《古文字研究》第十九輯，北京：中華書局，1992 年 8 月，頁 255，圖四十二。
	中國社會科學院考古研究所編：《殷周金文集成》，第十八冊，北京：中華書局，1994 年 12 月，器號 12094，頁 345。
	劉彬徽、劉長武：〈王命虎節〉，《楚系金文彙編》，武漢：湖北教育出版社，2009 年 5 月，器號 1052，頁 401。

【釋文】

　　王命＝（命命）逋（傳）賃[1]

〔註47〕中國社會科學院考古研究所編：《殷周金文集成》（修訂增補本）第八冊（北京：中華書局，2007 年），頁 6650。

　　王命。命傳賃。〈通讀〉

【註釋】

　　〔1〕《王命虎節》的銘文「王命＝（命命）遆（傳）賃」和《王命龍節》正面銘文相合，斷讀的討論可參本章 11、王命龍節・一、「王命命傳賃」。關於《王命虎節》只有載錄「王命＝（命命）遆（傳）賃」的銘文，李家浩先生說：

　　　　頗疑「一担食之」就是楚國《傳食律》的內容之一。《傳食律》條文
　　　　不僅擔任司法的官吏要熟習，而且擔任傳舍的官吏也要熟習，他們
　　　　才能很好地按照律文的規定，規定對不同身份的人供給不同的飲
　　　　食。正因為如此，節上的文字只要說明持節者的身份，不要注明待
　　　　遇，傳舍的官吏也會按照《傳食律》的規定供給應有的飲食。傳賃
　　　　虎節銘文只有「王命命傳賃」而沒有「一担食之」，大概就是因為這
　　　　個緣故。〔註48〕

按，李家浩先生的意見可參，目前雖僅發現秦代的《傳食律》，但戰國楚地也應有類似秦代《傳食律》一類的法律條例，規定給予負責傳遞工作的人員符合身份的待遇，但持《王命虎節》者與持《王命龍節》者的待遇應是有所不同的。

【相關研究文獻】

1、唐蘭：〈王命傳考〉，北京大學《國學季刊》六卷四號，1946 年，頁 61〜73。

2、李家浩：〈傳賃龍節銘文考釋——戰國符節銘文研究之三〉，《考古學報》，1998
　　年第一期，頁 1〜10。

【案】又輯入李家浩：《著名中年語言學家自選集・李家浩卷》，合肥：安徽教育出
　　　版社，2002 年 4 月，頁 101〜116。

〔註48〕李家浩：〈傳賃龍節銘文考釋——戰國符節銘文研究之三〉，《考古學報》，1998
　　　年第一期，頁 7。

【器號】7

【器名】王命虎節（二）

【器形及說明】

引自中國社會科學院考古研究所編：《殷周金文集成》（修訂增補本）第八冊，器號 12095 頁 6592

【出土地】

不詳

【典藏地】

現藏北京故宮博物院。〔註 49〕

【著錄】

《集成》器號	12095
著　　錄	黃濬：《尊古齋所見吉金圖》，1936 年，卷四，頁 47。
	中國社會科學院考古研究所編：《殷周金文集成》，第十八冊，北京：中華書局，1994 年 12 月，器號 12095，頁 345。
	劉彬徽、劉長武：〈王命虎節〉，《楚系金文彙編》，武漢：湖北教育出版社，2009 年 5 月，器號 1052，頁 400 上。

【釋文】

王命$_{=}$（命命）𨔶（傳）賃

王命。命傳賃。〈通讀〉

【註釋】

參器號 6，王命虎節（一）

〔註 49〕中國社會科學院考古研究所編：《殷周金文集成》（修訂增補本）第八冊（北京：中華書局，2007 年），頁 6650。

【相關研究文獻】

1、唐蘭：〈王命傳考〉，北京大學《國學季刊》六卷四號，1946 年，頁 61～73。

2、周世榮：〈湖南戰國秦漢魏晉銅器銘文補記〉，《古文字研究》第十九輯，北京：
　　中華書局，1992 年 8 月，頁 196～281。

【案】三、符節，介紹《王命銅虎節》、《甲兵銅符節》，頁 205～206。

3、李家浩：〈傳賃龍節銘文考釋──戰國符節銘文研究之三〉，《考古學報》，1998
　　年第一期，頁 1～10。

【案】又輯入李家浩：《著名中年語言學家自選集・李家浩卷》，合肥：安徽教育出
　　版社，2002 年 4 月，頁 101～116。

【器號】8

【器名】王命傳遽虎節

【器形及說明】

引自中國社會科學院考古研究所編：《殷周金文集成》（修訂增補本）第八
冊，器號 12096 頁 6592

　　器形呈平版狀作虎形，虎首有一圓穿孔，尾部往上翹，一端與身體相接
成一圓孔。全器以凹痕線條勾勒形體紋路，共計有銘文四字。

【出土地】

　　不詳

【典藏地】

　　舊藏北京故宮博物院，現藏中國國家博物館。〔註50〕

【著錄】

《集成》器號	12096
著　　　錄	于省吾：《商周金文錄遺》，北平：科學出版社，1957 年，器號 537，頁 237。
	嚴一萍編：〈王命傳賃節〉，《金文總集》，臺北：藝文印書館，1983 年，器號 7890，頁 4590。
	中國社會科學院考古研究所編：《殷周金文集成》，第十八冊，北京：中華書局，1994 年 12 月，器號 12096，頁 345。
	劉彬徽、劉長武：〈王命虎節〉，《楚系金文彙編》，武漢：湖北教育出版社，2009 年 5 月，器號 1052，頁 400 下。

〔註50〕 中國社會科學院考古研究所編：《殷周金文集成》（修訂增補本）第八冊（北
　　　　京：中華書局，2007 年），頁 6650。

【釋文】

王命連（傳）虎[1]

【註釋】

〔1〕銘文 對比《王命虎節》銘文：「王命＿（命命）遫（傳）賃」；《王命龍節》銘文：「王命＿（命命）遫（傳）賃」，則字形應釋為「命」，考察古文字中「命」字的幾個寫法：

3.8.1「命」字字形表

字形						
出處	《包山》12	《郭店‧尊德義》10	《郭店‧語叢一》2	《包山》159	《侯馬》一五六：一	《鄙孝子鼎》，《集成》卷三，器號2574
分域	楚系				三晉系	

字形		
出處	《陳純釜》，《集成》卷十六，器號10371	《䌹鎛》，《集成》卷一，器號271
分域	齊系	

　　「命」字的寫法有在字形下方加上兩筆橫畫飾筆，如《郭店‧尊德義》10，或除了兩筆橫畫飾筆再加上「口」形，如《郭店‧語叢一》2，而《包山》159則又以兩筆橫畫飾筆取代「口」形，並未見以兩筆橫畫取代「命」字右旁「卩」的寫法，考察銘文 字形右旁疑似點畫的 ，應非是以兩筆橫畫取代右旁「卩」，而是「卩」旁的殘畫，則銘文釋「命」為確。

　　〔2〕搨本銘文有四字，前二字釋為「王命」無疑。第三字作 ，對比《騎傳馬節》 字，兩字寫法相類，細審兩字「叀」旁的寫法：

《傳騎馬節》　　　　　《偏將軍虎符》

　　僅於字形上部 的位置不同， 亦釋為「連」，讀為「傳」。

　　而第四字作 （下文以Ａ代替字形），對比先前討論過的《王命龍節》

與《王命虎節》的銘文「王命傳賃」，A 與「賃」字不類，何琳儀先生也有同樣的看法，並以字形爲「虞」之殘文，通讀爲「遽」，與上字連讀爲「傳遽」；陳昭容先生也認爲字形有所殘損，從何琳儀先生之釋〔註51〕。關於古文字中「虞」的寫法與「遽」的通讀，朱德熙、裘錫圭先生作了精闢的考釋〔註52〕，而在文中所舉出的「虞」字字形 （《邵鐘》，《集成》卷一，器號 226）與 A字形上部都從「虍」頭，但下部的寫法亦不類，且考察器形搨本〔註53〕，筆者認爲字形並無嚴重的殘損，而字形寫法與楚文字「虎」字相類，試看「虎」字的幾個寫法：

3.8.2 楚系「虎」字字形表

字形					
出處	《包山》273	《曾侯乙》62	《上博（五）·三德》18	《上博（四）·逸詩》2	《天星觀》
分域	楚系				

從聲音的通讀上，「虎」和「虞」韻部相同，同爲魚部〔註54〕，或疑 A 字銘文爲一種簡省的寫法〔註55〕，考量到《虎符》習見的文例，於此仍將 A 字暫讀爲「虞」通「遽」。則銘文通讀爲「王命傳遽」，是用作受王命而傳遞用的信憑物。

【斷代及國別】

戰國楚器

【相關研究文獻】

1、沈寶春：《《商周金文錄遺》考釋》，台北：國立臺灣師範大學國文研究所碩士

〔註51〕 何琳儀：〈南越王墓虎節考〉，《汕頭大學學報（人文科學版）》1991 年第三期（1991 年 6 月）（總第二十五期），頁 27；陳昭容：《秦系文字研究·第五章　秦兵甲之符》（台北：中央研究院歷史語言研究所，民國 92 年（2003）7 月），頁 250。

〔註52〕 朱德熙、裘錫圭：〈戰國文字研究（六種）〉，《考古學報》1972 年第一期，頁 83～89。

〔註53〕 器形搨本可參中國社會科學院考古研究所編：《殷周金文集成》（修訂增補本）第八冊，器號 12096，頁 6592。

〔註54〕 「虎」，曉母魚部；「虞」，群母魚部，參郭錫良：《漢字古音手冊》（北京：北京大學出版社，1986 年 11 月），頁 94；頁 115。

〔註55〕 此說爲許學仁師審閱本文時面告筆者。

論文，1982 年 6 月。

【案】《王命傳貨節》考釋，頁 827～829。

【又案】後正式出版爲：《《商周金文錄遺》考釋》（上中下冊），臺北：花木蘭文化
　　　　工作坊，2005 年 12 月。

【備註】

　　此虎節最早由于省吾先生著錄於《商周金文錄遺》，其器形與本文前所收錄兩件《王命虎節》有明顯的差異〔註56〕，但目前就器形及銘文寫法上來看，仍無斷定爲僞器之確證，故仍收錄校釋彙編釋之。

〔註56〕季旭昇師於碩士學位考試時提醒筆者從器形及文字構形方面，仔細考慮此器是否有僞器之可能，感謝季師寶貴建議。因尚無確論證其爲僞，此仍以眞品處理，編入校釋。

【器號】9

【器名】王命車馺虎節

【器形及說明】

圖版引自劉彬徽、劉長武：〈王命虎節〉，《楚系金文彙編》，武漢：湖北教
育出版社，2009 年 5 月，器號 1053，頁 402

　　器形作平板伏虎形，長 19 釐米、高 11.6 釐米、厚 1.2 釐米。青銅鑄成扁
平板的老虎的形狀，虎成蹲踞之勢，虎口大張，尾部彎曲成「8」字形。虎身
上的斑紋鑄有彎葉形淺凹槽，內貼金箔片，雙面共用 60 片。虎眼、虎耳均由
細金片勾勒出。正面虎身斑紋間刻銘文一行，共計五字，其中「命」字爲重
文〔註57〕。

【出土地】

　　1983 年出土於廣東省象崗西漢南越王墓。〔註58〕

【典藏地】

　　廣東省西漢南越王博物館。〔註59〕

〔註57〕參廣州市文物管理委員會、中國社會科學院考古研究所、廣東省博物館編輯：
　　　　《西漢南越王墓》，〈一九、"王命＝車馺"銅虎節〉（北京：文物出版社，1992
　　　　年 10 月），頁 314；西漢南越王博物館網站：http://www.gznywmuseum.org/
　　　　nanyuewang/HTML/cangzhen/jingpinzhanshi/?left_20&#nogo。
〔註58〕廣州市文物管理委員會、中國社會科學院考古研究所、廣東省博物館編輯：《西
　　　　漢南越王墓》，〈一九、"王命＝車馺"銅虎節〉（北京：文物出版社，1992 年
　　　　10 月），頁 314～316。

【著錄】

《集成》器號	未收
著　　錄	黃展岳：〈南越王錯金虎節〉，臺北：國立故宮博物院，《故宮文物月刊》第八卷第十期，第 94 號，1991 年 1 月，頁 109。
	廣州市文物管理委員會、中國社會科學院考古研究所、廣東省博物館編輯：〈"王命＝車馳"銅虎節〉，《西漢南越王墓》，北京：文物出版社，1992 年 10 月，頁 314～316；同書下冊，圖版二十。
	劉雨、盧岩：〈王命車馳虎節〉，《近出殷周金文集錄》第四冊，北京：中華書局，2002 年 9 月，器號 1254 頁 295。
	鍾柏生、陳昭容、黃銘崇、袁國華：〈王命命車馺虎節〉，《新收殷周青銅器銘文暨器影彙編》，臺北：藝文印書館，2006 年 4 月，器號 413，頁 97。
	西漢南越王博物館：《西漢南越王博物館珍品圖錄》，北京：文物出版社，2007 年 7 月。
	劉彬徽、劉長武：〈王命虎節〉，《楚系金文彙編》，武漢：湖北教育出版社，2009 年 5 月，器號 1053，頁 402～403。

【釋文】

王命＝（命命）車馳（駟）[1]

【註釋】

〔1〕𩢜，下文為方便行文以 A 代之，並集錄諸家說法如下：

何琳儀：

將 A 左旁釋「馬」並與右旁上方「＝」合看為一個偏旁，右旁下部依《說文》「社」字古文右作「𡎸」，釋為「土」，隸定為「馺」，為「牡」之異體。「馬」與「牛」作為形符，往往互作。節銘「車牡」無疑是指「車馬」，典籍習見〔註60〕。

《西漢南越王墓》：

釋字形 A 左旁為「馬」，右旁釋為「杜」，而「杜」與「土」通，隸定作「馺」，可假借為「徒」〔註61〕。

〔註59〕西漢南越王博物館：《西漢南越王博物館珍品圖錄》，北京：文物出版社，2007 年 7 月。

〔註60〕何琳儀：〈南越王墓虎節考〉，《汕頭大學學報（人文科學版）》1991 年第三期（1991 年 6 月）（總第二十五期），頁 26～27。

〔註61〕廣州市文物管理委員會、中國社會科學院考古研究所、廣東省博物館編輯：《西漢南越王墓》，〈一九、"王命＝車馺"銅虎節〉（北京：文物出版社，1992 年

饒宗頤：

認為 A 字右旁與《說文》「社」字古文右旁作「木」相同，可釋為「土」，A 字以土為聲符，左旁為「且」之繁形。字形隸定為「䏌」，殆即「軛」之異文，《說文》：「且，所以薦也」，而軛為車中重薦，故從且會意；夗又組字之省。以形義論，從革與從夗（組）無別，正如靴之作被，其例相同。軛與靾實即是鞇。《釋名》曰：「文茵，車中所坐者也，用虎皮為之有文采。鞇，因也。」則虎節正呈炳燦虎文之狀，取象於車軛之鞇，䏌為軛字異形。而《說文》徒字作𨑴，從辵土聲，與本字聲旁同為土聲，故與𨑴通。則銘文「命車䏌」讀為「命車徒」，語意更順〔註62〕。

王人聰：

意見承饒宗頤先生，釋字形 A 從「且」從「土」為「䏌」字，認為如果從「且」「土」聲，則可讀為「徒」；如果從「土」「且」聲，則為清母魚部，古音清母或與定母通轉，而「徒」字為定母魚部，二字音近相通。因此「䏌」字無論從何形構來看，都可讀為「徒」。〔註63〕

李家浩：

將字形 A 左旁釋為「馬」，右旁隸作「𡉚」，對比金文、典籍中異文的例子，「𡉚」應釋作「垚」，即「埶」字的簡體，則字形可釋為「𩢸」。而「埶」與「日」音近古通，則「𩢸」疑是「駔」字的異體。「駔」漢代指傳車，則節銘以「車駔」連言〔註64〕。

按，考察上述諸說，先從分析𩢸的構形所從，左旁有從「馬」，從「且」兩說，先看古文字中「馬」的寫法：

10 月），頁 314～315。

〔註62〕饒宗頤：〈南越文王墓虎節考釋〉，《考古學研究》（西安：三秦出版社，1993 年 10 月），頁 614～615。

〔註63〕王人聰：〈南越王墓出土虎節考釋〉，《盡心集──張政烺先生八十慶壽論文集》（北京：中國社會科學出版社，1996 年 11 月），頁 166～167。

〔註64〕李家浩：〈南越王墓車駔虎節銘文考釋──戰國符節銘文研究之四〉，《容庚先生百年誕辰紀念文集》（古文字研究專號）（廣州：廣東人民出版社，1998 年），頁 662～666。

3.9.1「馬」字字形表

字形						
出處	《包山》30	《天星觀》	《新蔡》甲三・三一六	《郾侯載簋》，《集成》卷十六，器號10583	《古璽彙編》50	《古璽彙編》55
分域	楚系			燕系		

字形						
出處	《侯馬》一八五：九	《古璽彙編》2757	《先秦編》，頁299	《邾大夫馬戈》，《集成》卷十七，器號11026	《古璽彙編》5542	《陶文圖錄》2.352.2
分域	三晉系			齊系		

　　而古文字中「且」的寫法：

3.9.2「且」字字形表

字形			
出處	《郭店・唐虞之道》5	《邵□鐘》，《集成》卷一，器號226	《邾公華鐘》，《集成》卷一，器號245
分域	楚系	三晉系	齊系

　　在上表《邵□鐘》、《邾公華鐘》的「且」字依辭例是讀爲「祖」的，但從上兩表來看，□左旁作「□」與《天星觀》、《侯馬》一八五：九的寫法相近，而何琳儀先生認爲「此字右上方『＝』應與左偏旁相連組成一個偏旁。換言之，此字由『□』和『□』兩部分所組成。前者應釋『馬』。因節銘馬首與馬鬃、馬身脫節，遂使『馬』旁頗難辨識。」〔註65〕何琳儀先生之說筆者從之，左旁「□」確應與右旁上方「二」相連組成一個偏旁，即爲「馬」。而釋左旁爲「且」之說，則需將右旁上方「二」視爲飾筆，且右旁下方「□」無關，湯餘惠先生曾說過「輔助性筆畫」的概念，認爲輔助性筆畫「＝」對於文字偏旁會起調節和均衡的作用〔註66〕，如將右旁上方「二」視爲飾筆也

〔註65〕何琳儀：〈南越王墓虎節考〉，《汕頭大學學報（人文科學版）》1991年第三期（1991年6月）（總第二十五期），頁26。
〔註66〕湯餘惠：〈略論戰國文字形體研究中的幾個問題〉，《古文字研究》第十五輯（北

自有其依據，但值得注意的是虎節銘文左旁釋「且」於字形不合，釋「且」不可從；如果仍考慮將「<img>」釋爲「馬」的異體寫法，「二」視爲飾筆，則要考慮到古文字中「馬」字代表馬類特徵的背部鬃毛，幾不見簡省之例，筆者認爲應從何琳儀先生之說，將左旁釋爲「馬」，右旁上方「二」則是馬鬃。

虎節銘文右下「<img>」爲一個獨立偏旁，應隸定爲「杢」。而「<img>」何琳儀、饒宗頤、王人聰諸位先生都認爲與《說文》「社」字古文右旁「<img>」相同，應釋爲「土」；《西漢南越王墓》認爲可釋爲「杜」，但仍應讀爲「土」。李家浩先生則舉《盠方彝》<img>、《克鼎》<img>之「埶」字，對比字形左旁，認爲「杢」旁可釋爲「坴」，而「坴」爲「埶」的省寫。而從金文文例「守相杢波」（《三代》20.47.3）對比《史記‧廉頗傳》「以尉文封廉頗爲信平君，爲假相國」，「杢波」應即「廉頗」，若「杢」釋爲「杜」，通讀爲「廉」，音讀相去甚遠，故將「杢」釋爲「杜」也非全無疑問。李家浩先生認爲「杢」應釋爲「埶」，「埶」、「日」音近古通，則<img>可釋爲「馹」，疑是「駔」字的異體。「駔」漢代指傳車，則節銘以「車駔」連言〔註67〕。

考察上述諸家之說，在確認了字形左旁爲「馬」之後，右旁的考釋筆者認爲可以理出兩條思路：

	思路1		思路2
銘文右旁「<img>」	《說文》「社」字古文右旁「<img>」		<img>《盠方彝》、<img>《克鼎》之「埶」字
編號	1.1	1.2	2.1
左旁釋讀	釋爲「杜」，而「杜」與「土」通	釋爲「土」	釋爲「坴」，而「坴」爲「埶」的省寫，「埶」、「日」音近古通
字形隸定	隸定作「駐」		隸定爲「駤」
文字讀法	假借爲「徒」	「牡」之異體	「駤」爲「馹」字的異體，「馹」漢代指傳車

上表兩條思路無疑都有一定的道理，但筆者試著提出幾點看法：

首先《好盗壺》有<img>字，依上下文例「四——滂滂」，字形隸定爲「駐」

京：中華書局，1986年6月），頁39。

〔註67〕李家浩：〈南越王墓車駔虎節銘文考釋——戰國符節銘文研究之四〉，《容庚先生百年誕辰紀念文集》（古文字研究專號）（廣州：廣東人民出版社，1998年），頁662～666。

讀爲「牡」應無問題〔註68〕，而字形可以做爲上述何琳儀先生所說，馬的偏旁有馬身與鬃毛筆畫分離的現象佐證之一。當然，此一字形釋「駔」讀爲「牡」，並不影響上述思路表 1.2 的合理性，而《上博（四）‧柬大王泊旱》簡 16 有字，其文例作「癹（發）——迖（蹠）四₌疆₌皆裻」，濮茅左先生釋爲「驁」，引《集韻》：「驁，良馬。」釋之〔註69〕。季旭昇師認爲字形從馬、從「埶（藝）」省，當即「馹」的楚系特有的寫法，可參李家浩先生之說，「發——蹠四疆」，意思是：發傳車到四境〔註70〕。筆者認爲「坴」應依李家浩先生將「坴」釋作「坴」，即「埶」字的簡體，則銘文字形可釋爲「驁」。而「埶」與「日」音近古通，則「驁」疑是「馹」字的異體。「馹」指傳車，所以節銘「車馹」連言〔註71〕。

則本器銘文通讀爲「王命₌（命命）車驁（馹）」，指的是以王命所命令的車馹，《左傳》文公十六年：「楚子乘馹，會師於臨品。」杜注：「馹，傳車也。」孔穎達〈正義〉引《爾雅‧釋言》舍人云：「馹，尊者之傳也。」〔註72〕則「車馹」應爲較爲尊貴之傳車。

【斷代及國別】

戰國楚器

【相關研究文獻】

1、黃展岳：〈新發現的南越國虎節〉，臺北：國立故宮博物院，《故宮文物月刊》第八卷第十期，第 94 號，1991 年 1 月，頁 108～111。

2、何琳儀：〈南越王墓虎節考〉，《汕頭大學學報（人文科學版）》1991 年第三期（1991 年 6 月）（總第二十五期），頁 26～27。

3、廣州市文物管理委員會、中國社會科學院考古研究所、廣東省博物館編輯：《西

〔註68〕參湯餘惠：〈𪓑蚉圓壺〉（《戰國銘文選》，長春：吉林大學出版社），1993 年 9 月，頁 38，41。
〔註69〕馬承源主編：《上海博物館藏戰國楚竹書（四）》（上海：上海古籍出版社，2004 年 11 月），頁 209。
〔註70〕季師旭昇：〈上博四零拾〉，清華大學簡帛研究網站，http://www.jianbo.org/admin3/2005/jixusheng002.htm，2005 年 2 月 15 日。
〔註71〕李家浩：〈南越王墓車馹虎節銘文考釋——戰國符節銘文研究之四〉，《容庚先生百年誕辰紀念文集》（古文字研究專號）（廣州：廣東人民出版社，1998 年），頁 662～666。
〔註72〕楊伯峻編著：《春秋左傳注（修訂本）》（北京：中華書局，2000 年 7 月），頁 619。

漢南越王墓》，北京：文物出版社，1992 年 10 月。

【案】〈第十章　出土文字資料匯考‧一九、“王命＝車馹”銅虎節〉，頁 314～316。

4、饒宗頤：〈南越文王墓虎節考釋〉，《考古學研究》，西安：三秦出版社，1993 年
　　10 月，頁 614～615。

5、王人聰：〈南越王墓出土虎節考釋〉，《盡心集——張政烺先生八十慶壽論文集》，
　　北京：中國社會科學出版社，1996 年 11 月，頁 162～168。

【案】又輯入王人聰：《古璽印與古文字論集》，香港：香港中文大學文物館，2000
　　　年，頁 341～345。

6、李家浩：〈南越王墓車馹虎節銘文考釋——戰國符節銘文研究之四〉，《容庚先
　　生百年誕辰紀念文集》（古文字研究專號），廣州：廣東人民出版社，1998 年，
　　頁 662～671。

【器號】10

【器名】王命龍節（一）

【器形及說明】

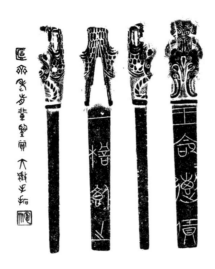

引自中國社會科學院考古研究所編：《殷周金文集成》（修訂增補本）第八
冊，器號 12097 頁 6593，吳大澂手拓本。

　　據 1946 年 9 月湖南省長沙市東郊黃泥坑墓葬出土的《龍節》形制，《龍
節》為長條形，頭端較大，尾端較小，較大的頭端鑄有龍頭，較小的尾端為
長方形。器形正面有銘文五字，一為重文；反面有銘文四字。器形通長 21 公
釐、頭端寬 3 公釐、尾端寬 1.9 公釐〔註73〕。其他幾件傳世的《龍節》以搨本
觀之，於形制上亦相去不遠，惟頭端之龍首於紋節略有小異。

【出土地】

　　不詳

【典藏地】

　　《綴遺齋彝器考釋》言「近歸吳清卿中丞」。〔註74〕此器吳大澂舊藏，現
藏上海博物館。

〔註73〕　參流火：〈銅龍節〉，《文物》1960 年第八、第九期合期，頁 82。

〔註74〕　方濬益：《綴遺齋彝器考釋》卷二九，台北：台聯國風出版社，1976 年 9 月，
　　　　　頁 25，總頁 1825；中國社會科學院考古研究所編：《殷周金文集成》（修訂增
　　　　　補本）第八冊（北京：中華書局，2007 年），頁 6651。

【著錄】

《集成》器號	12097		
著　　錄	〔清〕阮元：〈漢龍虎銅節〉，《積古齋鐘鼎彝器款識》，1804 年，卷十，頁 6。		
	〔清〕方濬益：〈龍虎節〉，《綴遺齋彝器考釋》，1899 年，卷二十九，頁 25。		
	〔清〕劉心源：〈漢龍節〉，《奇觚室吉金文述》，1902 年，卷十一，頁 7。		
	劉體智：〈王命車鐱〉，《小校經閣金石文字》，1935 年，卷九，頁 106 左。		
	羅振玉：〈王命遄車鐱〉，《三代吉金文存》，1937 年，卷十八，頁 36 左。		
	嚴一萍編：〈王命＝🐅節一〉，《金文總集》，臺北：藝文印書館，1983 年，器號 7895 頁 4592。		
	中國社會科學院考古研究所編：《殷周金文集成》，第十八冊，北京：中華書局，1994 年 12 月，器號 12097 頁 346。		
	劉彬徽、劉長武：〈王命虎節（其一）〉，《楚系金文彙編》，武漢：湖北教育出版社，2009 年 5 月，器號 1051，頁 396。		
	劉彬徽、劉長武：〈王命虎節（其二）〉，《楚系金文彙編》，武漢：湖北教育出版社，2009 年 5 月，器號 1051，頁 397。		

【釋文】

　　王命＝（命命）遄（傳）[1] 賃 [2] 〈正面〉

　　一檐（擔）[3] 𩚋（食）[4] 之 〈反面〉

　　王命。命傳賃。一擔食之。[5] 〈通讀〉

【註釋】

　　〔1〕唐蘭先生隸定爲「遄」讀爲「傳」〔註75〕，其後學者皆從之，惟字形隸定上，唐蘭先生應是將右旁的「🖤」釋爲「人」旁，故隸定字形爲「遄」，但字形右旁於楚文字多見，應以從「刀」爲是，劉雨先生隸定爲「遄」〔註76〕甚是。李家浩先生隸定爲「遄」，認爲字形從「辵」從《說文》古文「斷」聲，當是傳遞之「傳」的專字〔註77〕。按，相同字形亦見：

〔註75〕唐蘭：〈王命傳考〉，北京大學《國學季刊》，1946 年第六卷第四號，頁 64。
〔註76〕劉雨：〈信陽楚簡釋文與考釋〉（河南省文物研究所：《信陽楚墓》，北京：文物出版社，1986 年 3 月），頁 133。
〔註77〕李家浩：〈傳賃龍節銘文考釋——戰國符節銘文研究之三〉，《考古學報》，1998 年第一期，頁 1。

3.10.1「逴」字字形表

字形	[字形] 〔註78〕	[字形]	[字形]	[字形]
文例	逴（傳）二人	若兩輪相逴（傳）	以逴（轉）相土	王命命逴（傳）賃
出處	《曾侯乙》212	《郭店·語叢四》20	《楚帛書·甲篇》7.34	《王命虎節》〔註79〕

　　上表所引述的爲楚系的材料，劉雨先生引《中山王䯂方壺》銘文：「講（專）賃（任）之邦」認爲「逴」應讀爲「專」〔註80〕；湯餘惠先生認爲「逴（傳）」指「傳驛」，古傳驛有車馬供使者騎乘，有傳舍以供行人食宿。〔註81〕李家浩先生則與下一字「賃」連讀，認爲是「逴（傳）賃」是個複合詞〔註82〕。

　　〔2〕字形從「任」從「貝」，《說文》有「賃」字：「庸也，從貝任聲」，段注云：「庸者，今之傭字。……凡傭儌皆曰庸，曰賃。」〔註83〕其字亦見於《中山王䯂》銅器銘文：

3.10.2「賃」字字形表

字形	[字形]	[字形]	[字形]	[字形]
文例	使智（知）社褑之賃（任）	氏以寡人疢賃（任）之邦	講（專）賃（任）之邦	受賃（任）𢀛邦
出處	《中山王䯂鼎》，《集成》卷五，器號2840	《中山王䯂鼎》，《集成》卷五，器號2840	《中山王䯂壺》，《集成》卷十五，器號9735	《中山王䯂壺》，《集成》卷十五，器號9735

〔註78〕字形略殘，裘錫圭、李家浩：〈曾侯乙墓竹簡釋文與考釋〉釋爲「逴」讀「傳」。並言「『逴』字亦見於王命傳龍節，用爲傳遽之『傳』」，參湖北省博物館：《曾侯乙墓》（上），（北京：文物出版社，1989年7月），頁500；頁530，註釋278。

〔註79〕中國社會科學院考古研究所編：《殷周金文集成》（修訂增補本）第八冊，器號12095，頁6592。

〔註80〕劉雨：〈信陽楚簡釋文與考釋〉，河南省文物研究所：《信陽楚墓》，北京：文物出版社，1986年3月，頁133～134。

〔註81〕湯餘惠：〈銅龍節〉，《戰國銘文選·符節》（吉林大學出版社，1993年9月），頁51。

〔註82〕李家浩：〈傳賃龍節銘文考釋——戰國符節銘文研究之三〉，《考古學報》，1998年第一期，頁2。

〔註83〕〔漢〕許慎著、〔清〕段玉裁注：《說文解字注》（台北：洪葉文化事業有限公司，2005年10月），頁285。

上述表中的「賃」都讀爲「任」，唐蘭、于省吾、劉雨、湯餘惠諸位先生將《王命龍節》中的「賃」都讀爲「任」〔註84〕。但湯餘惠先生引《詩經‧小雅‧黍苗》：「我任我輦」，鄭箋曰：「有負任者，有輓輦者」釋「賃」讀爲「任」，「肩挑」之意〔註85〕。

而李家浩先生認爲應將「賃」如《說文》釋爲「雇佣」之意，與銘文上一字「遆（傳）」連讀爲「傳賃」，應指「雇佣從事驛傳的人」〔註86〕。李家浩先生之說筆者從之。

〔3〕高田忠周先生釋爲「檐」認爲是「檐」字的省文〔註87〕。其後，同樣的字形亦見於《鄂君啓節》及《九店楚簡》：

3.10.3「檐」字字形表

字形	榙	榙	檐	檐
文例	如檐徒，屯二十檐台（以）堂（當）一車	如檐徒，屯二十檐台（以）堂（當）一車	☐三檐	敓枏之四檐
出處	《鄂君啓車節》，《集成》卷十八，器號12112	《鄂君啓車節》，《集成》卷十八，器號12112	《九店》1	《九店》1

于省吾先生將字形隸定爲「檐」，認爲即「檐」、「儋」之初文，今做「擔」或「担」〔註88〕，張振林先生的結論與于省吾先生相同，但未將字形做隸定〔註89〕。將「檐」釋爲「檐」可爲定論，陳昭容先生認爲「檐」宜讀爲「甌」，是一種盛漿食的器具〔註90〕。按，「檐」釋爲「檐」甚確，筆者贊成讀「擔」，

〔註84〕 唐蘭：〈王命傳考〉，北京大學《國學季刊》，1946 年第六卷第四號，頁 64；于省吾：〈鄂君啓節考釋〉，《考古》1963 年第八期，頁 445；劉雨：〈信陽楚簡釋文與考釋〉（河南省文物研究所：《信陽楚墓》，北京：文物出版社，1986 年 3 月），頁 133；湯餘惠：〈銅龍節〉，《戰國銘文選‧符節》，吉林大學出版社，1993 年 9 月，頁 51。

〔註85〕 湯餘惠：〈銅龍節〉，《戰國銘文選‧符節》（吉林大學出版社，1993 年 9 月），頁 51。

〔註86〕 李家浩：〈傳賃龍節銘文考釋——戰國符節銘文研究之三〉，《考古學報》，1998 年第一期，頁 3。

〔註87〕 高田忠周：《古籀篇》卷三一（臺北：大通書局，1982 年），頁 960。

〔註88〕 于省吾：〈鄂君啓節考釋〉，《考古》1963 年第八期，頁 446。

〔註89〕 張振林：〈“梠徒”與“一梠飤之”新詮〉，《文物》1963 年第三期，頁 48～49。

〔註90〕 陳昭容：〈戰國至秦的符節——以實物資料爲主〉，《中央研究院歷史語言研究所集刊》第 66 本第一分，台北：中央研究院歷史語言研究所，民國 84 年 3

參看《鄂君啓節》及《九店楚簡》中「檜」的文例，「擔」應是計算糧食數量的單位。

〔4〕《說文》有「飤」字：「飤，糧也，從人食。」段注云：「按，以食食人物。其字本作食，俗作飤，或作飼。經典無飤，許愼：『餗，食馬穀也。』不作飤馬，此篆淺人所增，故非其次，釋爲糧又非。宜刪。」（頁222）〔註91〕按，「飤」字又見於許多出土文獻材料：

3.10.4 「飤」字字形表

字 形	文　　例	出　　處
	見其金節則毋政（征），毋舍桴飤	《鄂君啓舟節》〔註92〕
	流飤之璽	《古璽彙編》0212
	戠（職）飤之璽	《古璽彙編》0217
	犅（特）貓，酉（酒）飤，餽之。	《包山》202
	一白犬，酉（酒）飤。	《包山》208
	既腹心疾，以上爨（氣），不甘飤，舊（久）不瘥（瘥）	《包山》245
	戎（農）夫茂（務）飤不強耕，糧弗足悈（矣）	《郭店・成之聞之》13
	飤與頴（色）與疾	《郭店・語叢一》110
	書（進）飤之衍（道），此飤乍（作）安	《郭店・語叢三》56

考察上表，文例中的「飤」，都以讀爲「食」較貼切。上文所述《說文》段注的意見很值得參考，云：「以食食人物。」陳昭容先生認爲「飤」字結構應爲從人就食，與歓字結構相似。並引《說文》艸部：「茹，飤馬也」、竹部：「籫，飤牛筐也」證「飤」有以食食人之義由來已久。〔註93〕甚確。《王命龍

　　　　　月（1995年3月），頁318。
〔註91〕〔漢〕許愼著、〔清〕段玉裁注：《說文解字注》（台北：洪葉文化事業有限公司，2005年10月），頁222。
〔註92〕商承祚：〈鄂君啓節考〉，《文物精華》第二集，北京：文物出版社，1963年4月，頁50車節摹本。
〔註93〕陳昭容：〈戰國至秦的符節——以實物資料爲主〉，《中央研究院歷史語言研究

節》「飤」應讀爲「食」，用作動詞，即給予食物，下一字「之」則是接受糧食供應者的代詞。

〔5〕《王命龍節》銘文的通讀斷句已有許多學者提出意見，主要有〔註94〕：

3.10.5《王命龍節》銘文通讀表

	讀　　法	出　　　　處
A	王命，命傳任一輴飤之。	唐蘭：〈王命傳考〉，北京大學《國學季刊》六卷四號，1946年，頁 64。
B	王命，命傳，賃一桮，飤之。	李學勤：〈戰國題銘概述（下）〉，《文物》1959 年第九期，頁 60。
C	王命命遯賃，一桮飤之。	流火：〈銅龍節〉，《文物》1960 年第 8、第九期合期，頁 82。
D	王命命傳，任一櫓，飤之。	于省吾：〈鄂君啓節考釋〉，《考古》1963 年第八期，頁 445。
E	王命：命傳賃一担食之。	裘錫圭：〈“諸侯之旅”等印考釋〉，《中國文史論集》，長春：吉林大學出版社，1981 年，頁 24。
F	王命：命傳賃，一担飤之。飤之。	許學仁師：《先秦楚文字研究》，台北：國立臺灣師範大學國文研究所碩士論文，1979 年 6 月，頁 94～95。
G	王命，命專任一櫓飤之。	劉雨：〈信陽楚簡釋文與考釋〉，河南省文物研究所：《信陽楚墓》，北京：文物出版社，1986 年 3 月，頁 133。
H	王命：命傳，任一担食之。	陳世輝、湯餘惠：《古文字學概要》，長春：吉林大學出版社，1988 年 12 月，頁 236。
I	王命命專任，一櫓食之。	何琳儀：〈南越王墓虎節考〉，《汕頭大學學報（人文科學版）》1991 年第三期（1991 年 6 月）（總第二十五期），頁 27。
J	王命命傳：任一櫓飤之。	湯餘惠：〈銅龍節〉，《戰國銘文選‧符節》，吉林大學出版社，1993 年 9 月，頁 51。
K	王命，命傳賃，一櫓食之。	陳昭容：〈戰國至秦的符節——以實物資料爲主〉，《中央研究院歷史語言研究所集刊》第 66 本第一分，台北：中央研究院歷史語言研究所，民國 84 年 3 月（1995 年 3 月），頁 318。
L	王命命傳賃，一担食之。	李家浩：〈傳賃龍節銘文考釋——戰國符節銘文研究之三〉，《考古學報》，1998 年第一期，頁 2。

就銘文通讀的問題來說，可以分爲「王命命傳賃」的斷讀、「遯」、「賃」

所集刊》第 66 本第一分，台北：中央研究院歷史語言研究所，民國 84 年 3 月（1995 年 3 月），頁 317。

〔註94〕下表讀法以出處原文通讀。

二字的讀法、「一擔食之」釋義三點論之：

一、「王命命傳賃」的斷讀

　　諸家通讀之說中，何琳儀先生認爲據虎節「王命＝車牡」，再參照龍節正反面各鑄四字的格式，則龍節銘文四、四停頓，似更爲合理。〔註95〕李家浩先生同樣對比其他傳世《王命虎節》：「王命命傳賃」、《王命車馱虎節》：「王命命車馱」的銘文文例，且《王命虎節》、《王命車馱虎節》都是單面，應無另一半符合之可能，「王命命傳賃」是可以獨立成句的〔註96〕。筆者認爲「王命命傳賃」的讀法可從。而在「王命命傳賃」單句的釋讀上，上表 C、I、J、L 的說法，差異主要在兩個「命」字間有無斷讀，以及「傳」、「賃」二字的讀法（下文將詳述之）。流火先生的說法並沒有對兩個「命」字的讀法做出解釋〔註97〕；何琳儀先生的讀法白話釋爲「王命專門負責使命者，所到之處供給一擔食饌」〔註98〕，第一個命字是個動詞，第二個命字則是名詞；陳昭容先生的讀法贊成唐蘭之說，第一個命字是名詞，第二個命字則是動詞，白話釋爲「王命令傳遽之賃者，供給持節者以飲食」〔註99〕；李家浩先生認爲「命傳賃」是個名詞詞組，構成的方式如同古書中所見「命夫」、「命婦」等詞語，並引《左傳・哀公四年》之「使謂陰地之命大夫士蔑曰……」〔註100〕爲證。「王命命傳賃」應解釋爲「楚王之命所任命的傳賃」〔註101〕。則兩個「命」字都是名詞了。

　　綜合來看，何琳儀、陳昭容、李家浩諸位先生的釋讀都有一定的道理，參看《鄂君啓節》中相似的文例：

〔註95〕何琳儀：〈南越王墓虎節考〉，《汕頭大學學報（人文科學版）》1991 年第三期（1991 年 6 月）（總第二十五期），頁 27。

〔註96〕李家浩：〈傳賃龍節銘文考釋——戰國符節銘文研究之三〉，《考古學報》，1998 年第一期，頁 2。

〔註97〕流火：〈銅龍節〉，《文物》1960 年第八、第九期合期，頁 82。

〔註98〕何琳儀：〈南越王墓虎節考〉，《汕頭大學學報（人文科學版）》1991 年第三期（1991 年 6 月）（總第二十五期），頁 27。

〔註99〕陳昭容：〈戰國至秦的符節——以實物資料爲主〉，《中央研究院歷史語言研究所集刊》第 66 本第一分，台北：中央研究院歷史語言研究所，民國 84 年 3 月（1995 年 3 月），頁 318；320。

〔註100〕楊伯峻編著：《春秋左傳注（修訂本）》（北京：中華書局，2000 年 7 月），頁 1627。

〔註101〕李家浩：〈傳賃龍節銘文考釋——戰國符節銘文研究之三〉，《考古學報》，1998 年第一期，頁 4。

　　大攻（工）尹脽台（以）王命，命寡（集）尹悆糒、戠尹逆

《鄂君啓節》的敘述較爲清楚，文例的釋讀爲：「大工尹脽以楚王的命令（大工尹脽受命於楚王），命令集尹悆糒、戠尹逆。」而《王命龍節》的敘述相對來說十分簡略，若從符節辨識表明身份的角度考慮，「王命」應斷讀成詞，表示《王命龍節》所記述的是「王所下的命令」。而「命傳賃」李家浩先生認爲是名詞詞組，筆者認爲李家浩先生的意見可從，但以名詞與「命」字結合的名詞詞組，如「命婦」見於《管子・君臣下》：「是故國君聘妻於異姓，設爲姪娣、命婦、宮女，盡有法制，所以治其內也。」〔註102〕《管子》中僅一見；「命大夫」見於《左傳・哀公四年》，於《左傳》也僅有一見，於典籍中出現的例子並不多見。或可說《王命龍節》、《王命虎符》的「傳賃」、《王命車駐虎節》的「車駐」冠以「命」字是一種見於符節信物的特別構詞，用以代表此一官職或職務是承受王命而來的。

二、「迦」、「賃」二字的讀法

　　「迦」、「賃」二字諸家分別的讀法，在上文註〔2〕、〔3〕已有所述，筆者認爲「迦」、「賃」二字應連讀爲一個詞組，若讀爲「專任」在文意上很通順，但不足的地方在於，對比《王命車駐虎節》：「王命命車駐」銘文有「車駐」，明確記載了職務，而《王命龍節》若只言「專任」沒有對職務明確記載，對用以標示職務及身份的符節信物來說，是有些奇怪的。筆者認爲「迦」讀爲「傳」，如湯餘惠先生所說「迦（傳）」指「傳驛」。「賃」字應如《說文》所說，爲雇傭之義。「傳賃」可釋爲「從事傳驛所雇傭的人」。

三、「一擔食之」釋義

　　上文註〔3〕已論「檐」應釋爲「擔」，是計算糧食數量的單位，李家浩先生對「擔」的計量作了詳細的討論，據《周禮・秋官・掌客》：

　　　車米視生牢，勞十車，車秉有五籔。

鄭玄注：

　　　車米，載車之米也。《聘禮》曰：「十斗曰斛，十六斗曰籔，十籔曰秉。」每車秉有五籔，則二十四斛也。〔註103〕

〔註102〕黎翔鳳撰、梁運華整理：《管子校注》（北京：中華書局，2004 年 6 月），頁585。

〔註103〕〔漢〕鄭玄注、〔唐〕賈公彥疏：《周禮注疏》卷三八（台北：藝文印書館，1979 年），頁 17，總頁 583。

又《儀禮・聘禮》：

> 門外米三十車，車秉有五籔。

鄭玄注：

> 秉籔數名也。秉有五籔，二十四斛。〔註104〕

又《鄂君啓節》車節：

> 如檐（擔）徒，屯二十檐（擔）台（以）堂（當）一車

據上述的記載推論，一担的容量是一斛二斗，是一個月食物的計量。〔註105〕
董珊先生認爲：

> 「檐」可能與戰國秦漢作爲計量單位的「石」有關。秦漢簡的「石」，
> 《說文》作「秥」。秦漢之「石」既可以作爲重量單位（120 斤）計
> 量全禾，也可以作爲脫粒之後的粟米或糯米的計量單位。〔註106〕

並引張世超先生之說，計算粟米的單位是大石，16 又 2/3 斗；計算糯米的單
位爲小石，一糯米小石相當於十斗；大、小石之比是 5：3，並認爲容量單位
「石」讀「dàn」音，是語音演化的結果，與檐負之義無關〔註107〕。董珊先生
之說可備一說。

　　而「食之」的對象自然是「傳賃」，傳舍等管理運輸的單位依《龍節》所
述的身份、糧食數量的規定，供給「傳賃」食物。

【斷代及國別】

　　戰國楚器

【相關研究文獻】

1、唐蘭：〈王命傳考〉，北京大學《國學季刊》六卷四號，1946 年，頁 61～73。

【案】又輯入《唐蘭先生金文論集》，北京：紫禁城出版社，1995 年 10 月，頁 53
　　～61。

2、流火：〈銅龍節〉，《文物》1960 年第八、第九期合期，頁 82。

3、石志廉：〈對“銅龍節”一文的商榷〉，《文物》1961 年第一期，頁 72。

〔註104〕〔漢〕鄭玄注、〔唐〕賈公彥疏：《儀禮注疏》卷二二（台北：藝文印書館，
　　　　1979 年），頁 2，總頁 261。

〔註105〕李家浩：〈傳賃龍節銘文考釋——戰國符節銘文研究之三〉，《考古學報》，1998
　　　　年第一期，頁 5～6。

〔註106〕董珊：〈楚簡簿記與楚國量制研究〉，《考古學報》2010 年第二期，頁 198。

〔註107〕張世超：〈容量石的產生及其相關問題〉《古文字研究》第二十一輯（北京：
　　　　中華書局，2001 年 10 月），頁 318～319；322～323。

4、湯餘惠:〈銅龍節〉,《戰國銘文選·符節》,吉林大學出版社,1993 年 9 月,頁 51。

5、陳昭容:〈戰國至秦的符節——以實物資料爲主〉,《中央研究院歷史語言研究所集刊》第 66 本第一分,台北:中央研究院歷史語言研究所,1995 年 3 月,頁 305～366。

6、李家浩:〈傳賃龍節銘文考釋——戰國符節銘文研究之三〉,《考古學報》,1998 年第一期,頁 1～10。

【案】又輯入李家浩:《著名中年語言學家自選集·李家浩卷》,合肥:安徽教育出版社,2002 年 4 月,頁 101～116。

【備註】

　　據清人以來的著錄搨本迄《殷周金文集成》所錄,《王命龍節》共有六器,所記載的銘文、器的形制都是相同的,惟龍首的紋飾略有小異。本文爲便於著錄討論,故將本《王命龍節》標著爲《王命龍節》(一),以下依序編號爲(二)、(三)……以此類推。

【器號】11

【器名】王命龍節（二）

【器形及說明】

引自中國社會科學院考古研究所編：《殷周金文集成》（修訂增補本）第八
冊，器號 12098 頁 6594

【出土地】

　　不詳

【典藏地】

　　《金石索》云吳門陸貫夫藏，今不詳其所在〔註108〕。

【著錄】

《集成》器號	12098
著　　　錄	〔清〕馮雲鵬、馮雲鵷：〈周龍虎節〉，《金石索》，1821 年，卷二，頁 103。
	嚴一萍編：〈王命＝🔲節二〉，《金文總集》，臺北：藝文印書館，1983 年，器號 7896，頁 4593。
	中國社會科學院考古研究所編：《殷周金文集成》，第十八冊，北京：中華書局，1994 年 12 月，器號 12098，頁 347。
	劉彬徽、劉長武：〈王命虎節（其三）〉，《楚系金文彙編》，武漢：湖北教育出版社，2009 年 5 月，器號 1051，頁 398 右。

〔註108〕中國社會科學院考古研究所編：《殷周金文集成》（修訂增補本）第八冊（北京：中華書局，2007 年），頁 6651。

【釋文】

王命＝〔（命命）〕⁽¹⁾逨（傳）賃〈正面〉

一槍（擔）飤（食）之〈反面〉

王命。命傳賃。一擔食之。〈通讀〉

【註釋】

〔1〕《金石索》及《殷周金文集成》所錄搨本「命」字下無重文符「＝」，疑榻印時漏失，參照其他《王命龍節》的文例，此補重文符「＝」。

【斷代及國別】

戰國楚器

【相關研究文獻】

1、唐蘭：〈王命傳考〉，北京大學《國學季刊》六卷四號，1946 年，頁 61～73。

【案】又輯入《唐蘭先生金文論集》，北京：紫禁城出版社，1995 年 10 月，頁 53
～61。

2、流火：〈銅龍節〉，《文物》1960 年第 8、第九期合期，頁 82。

3、石志廉：〈對“銅龍節”一文的商榷〉，《文物》1961 年第一期，頁 72。

4、湯餘惠：〈銅龍節〉，《戰國銘文選・符節》，吉林大學出版社，1993 年 9 月，頁
51。

5、李家浩：〈傳賃龍節銘文考釋──戰國符節銘文研究之三〉，《考古學報》，1998
年第一期，頁 1～10。

【案】又輯入李家浩：《著名中年語言學家自選集・李家浩卷》，合肥：安徽教育出
版社，2002 年 4 月，頁 101～116。

【器號】12

【器名】王命龍節（三）

【器形及說明】

引自中國社會科學院考古研究所編：《殷周金文集成》（修訂增補本）第八
冊，器號 12099 頁 6594

【出土地】

　　不詳

【典藏地】

　　端方舊藏，現不詳其所在〔註109〕。

【著錄】

《集成》器號	12099
著　　錄	鄒安：〈龍節一〉，《周金文存》，1916 年，卷六下，頁 127 左。
	〔清〕端方：〈龍節〉，《陶齋吉金續錄》，1909 年，卷二，頁 19 左。
	嚴一萍編：〈王命＝節三〉，《金文總集》，臺北：藝文印書館，1983 年，器號 7897，頁 4594。
	中國社會科學院考古研究所編：《殷周金文集成》，第十八冊，北京：中華書局，1994 年 12 月，器號 12099，頁 347。
	劉彬徽、劉長武：〈王命虎節（其四）〉，《楚系金文彙編》，武漢：湖北教育出版社，2009 年 5 月，器號 1051，頁 398 左。

〔註109〕中國社會科學院考古研究所編：《殷周金文集成》（修訂增補本）第八冊（北京：中華書局，2007 年），頁 6651。

【釋文】

　　王命=（命命）遱（傳）賃〈正面〉

　　一檐（擔）飤（食）之〈反面〉

　　王命。命傳賃。一擔食之。〈通讀〉

【註釋】

　　參上文王命龍節（一）所釋。

【斷代及國別】

　　戰國楚器

【相關研究文獻】

1、唐蘭：〈王命傳考〉，北京大學《國學季刊》六卷四號，1946 年，頁 61～73。

【案】又輯入《唐蘭先生金文論集》，北京：紫禁城出版社，1995 年 10 月，頁 53
　　～61。

2、流火：〈銅龍節〉，《文物》1960 年第 8、第九期合期，頁 82。

3、石志廉：〈對“銅龍節”一文的商榷〉，《文物》1961 年第一期，頁 72。

4、湯餘惠：〈銅龍節〉，《戰國銘文選・符節》，吉林大學出版社，1993 年 9 月，頁
　　51。

5、李家浩：〈傳賃龍節銘文考釋——戰國符節銘文研究之三〉，《考古學報》，1998
　　年第一期，頁 1～10。

【案】又輯入李家浩：《著名中年語言學家自選集・李家浩卷》，合肥：安徽教育出
　　版社，2002 年 4 月，頁 101～116。

【器號】13

【器名】王命龍節（四）

【器形及說明】

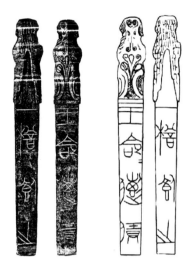

影本引自中國社會科學院考古研究所編：《殷周金文集成》（修訂增補本）
第八冊，器號 12100 頁 6595；摹本引自周世榮：〈湖南出土戰國以前青銅器
銘文考釋〉，《古文字研究》第十輯，北京：中華書局，1983 年 7 月，頁 279
圖版三八

【出土地】

　　1946 年 9 月出土於湖南省長沙市東郊黃泥坑墓葬。〔註110〕

【典藏地】

　　現藏湖南省博物館。〔註111〕

【著錄】

《集成》器號	12100
著　　　錄	流火：〈銅龍節〉，《文物》1960 年第 8、第九期合期，頁 82。
	湖南省博物館：《湖南省文物圖錄》，1964 年，圖版五一。
	湖南省博物館、湖南考古學會：《湖南考古集刊》第一集，湖南：嶽麓書社，1982 年 11 月，圖版十四，編號 9。

〔註110〕流火：〈銅龍節〉，《文物》1960 年第八、第九期合期，頁 82。
〔註111〕中國社會科學院考古研究所編：《殷周金文集成》（修訂增補本）第八冊（北
　　　　京：中華書局，2007 年），頁 6651。

著　　錄	周世榮：〈湖南出土戰國以前青銅器銘文考釋〉，《古文字研究》第十輯，北京：中華書局，1983 年 7 月，頁 279，圖版三八。
	中國社會科學院考古研究所編：《殷周金文集成》，第十八冊，北京：中華書局，1994 年 12 月，器號 12100，頁 348。

【釋文】

王命 = （命命）遂（傳）賃〈正面〉

一檐（擔）飤（食）之〈反面〉

王命。命傳賃。一擔食之。〈通讀〉

【註釋】

參上文王命龍節（一）所釋。

【斷代及國別】

戰國楚器

【相關研究文獻】

1、唐蘭：〈王命傳考〉，北京大學《國學季刊》六卷四號，1946 年，頁 61～73。

【案】又輯入《唐蘭先生金文論集》，北京：紫禁城出版社，1995 年 10 月，頁 53～61。

2、流火：〈銅龍節〉，《文物》1960 年第 8、第九期合期，頁 82。

3、石志廉：〈對"銅龍節"一文的商榷〉，《文物》1961 年第一期，頁 72。

4、湯餘惠：〈銅龍節〉，《戰國銘文選・符節》，吉林大學出版社，1993 年 9 月，頁 51。

5、李家浩：〈傳賃龍節銘文考釋——戰國符節銘文研究之三〉，《考古學報》，1998 年第一期，頁 1～10。

【案】又輯入李家浩：《著名中年語言學家自選集・李家浩卷》，合肥：安徽教育出版社，2002 年 4 月，頁 101～116。

【器號】14

【器名】王命龍節（五）

【器形及說明】

引自中國社會科學院考古研究所編：《殷周金文集成》（修訂增補本）第八
冊，器號 12101 頁 6595

【出土地】

　　不詳

【典藏地】

　　《衡齋金石識小錄》言江夏黃氏藏，現藏於北京故宮博物院。〔註 112〕

【著錄】

《集成》器號	12101
著　　　錄	黃濬：〈龍節〉，《衡齋金石識小錄》，1935 年，上卷，頁 24。
	黃濬：〈龍節〉，《尊古齋所見吉金圖》，1936 年，卷四，頁 46。
	嚴一萍編：〈王命＝🐉節四〉，《金文總集》，臺北：藝文印書館，1983 年，器號 7898，頁 4595。
	中國社會科學院考古研究所編：《殷周金文集成》，第十八冊，北京：中華書局，1994 年 12 月，器號 12101，頁 348。

〔註 112〕黃濬：〈龍節〉，《衡齋金石識小錄》上冊卷二，收入《石刻史料新編》第三輯
　　　　第四十冊，台北：新文豐出版公司，1986 年，頁 2，總頁 490；中國社會科
　　　　學院考古研究所編：《殷周金文集成》（修訂增補本）第八冊（北京：中華書
　　　　局，2007 年），頁 6651。

著　錄	劉彬徽、劉長武：〈王命虎節（其五）〉，《楚系金文彙編》，武漢：湖北教育出版社，2009 年 5 月，器號 1051，頁 399 右。

【釋文】

王命₌（命命）遄（傳）賃〈正面〉

一檐（擔）飤（食）之〈反面〉

王命。命傳賃。一擔食之。〈通讀〉

【註釋】

參上文王命龍節（一）所釋。

【斷代及國別】

戰國楚器

【相關研究文獻】

1、唐蘭：〈王命傳考〉，北京大學《國學季刊》六卷四號，1946 年，頁 61～73。

【案】又輯入《唐蘭先生金文論集》，北京：紫禁城出版社，1995 年 10 月，頁 53
　　～61。

2、流火：〈銅龍節〉，《文物》1960 年第八、第九期合期，頁 82。

3、石志廉：〈對"銅龍節"一文的商榷〉，《文物》1961 年第一期，頁 72。

4、湯餘惠：〈銅龍節〉，《戰國銘文選・符節》，吉林大學出版社，1993 年 9 月，頁
　　51。

5、李家浩：〈傳賃龍節銘文考釋——戰國符節銘文研究之三〉，《考古學報》，1998
　　年第一期，頁 1～10。

【案】又輯入李家浩：《著名中年語言學家自選集・李家浩卷》，合肥：安徽教育出
　　版社，2002 年 4 月，頁 101～116。

【器號】15

【器名】王命龍節（六）

【器形及說明】

引自中國社會科學院考古研究所編：《殷周金文集成》（修訂增補本）第八
冊，器號 12101 頁 6595

【出土地】

不詳

【典藏地】

中國社會科學院考古研究所藏。〔註 113〕

【著錄】

《集成》器號	12102
著　　錄	中國社會科學院考古研究所編：《殷周金文集成》，第十八冊，北京：中華書局，1994 年 12 月，器號 12102，頁 349。
	劉彬徽、劉長武：〈王命龍節（其六）〉，《楚系金文彙編》，武漢：湖北教育出版社，2009 年 5 月，器號 1051，頁 399 左。

【釋文】

王命_＝（命命）逫（傳）賃〈正面〉

〔註 113〕中國社會科學院考古研究所編：《殷周金文集成》（修訂增補本）第八冊（北
　　　京：中華書局，2007 年），頁 6651。

一櫡（擔）飤（食）之〈反面〉

王命。命傳賃。一擔食之。〈通讀〉

【註釋】

參上文王命龍節（一）所釋。

【斷代及國別】

戰國楚器

【相關研究文獻】

1、唐蘭：〈王命傳考〉，北京大學《國學季刊》六卷四號，1946 年，頁 61～73。

【案】又輯入《唐蘭先生金文論集》，北京：紫禁城出版社，1995 年 10 月，頁 53 ～61。

2、流火：〈銅龍節〉，《文物》1960 年第 8、第九期合期，頁 82。

3、石志廉：〈對“銅龍節”一文的商榷〉，《文物》1961 年第一期，頁 72。

4、湯餘惠：〈銅龍節〉，《戰國銘文選・符節》，吉林大學出版社，1993 年 9 月，頁 51。

5、李家浩：〈傳賃龍節銘文考釋——戰國符節銘文研究之三〉，《考古學報》，1998 年第一期，頁 1～10。

【案】又輯入李家浩：《著名中年語言學家自選集・李家浩卷》，合肥：安徽教育出 版社，2002 年 4 月，頁 101～116。

【器號】16

【器名】鷹節（一）

【器形】

器形、文字摹本引自中國社會科學院考古研究所編：《殷周金文集成》（修
訂增補本）第八冊，北京：中華書局，2007 年，器號 12105 頁 6597

　　器物呈浮雕鷹形，平版狀，上下各有一圓孔，銘文由鷹首起至左右兩翅
處，共計十一字。

【出土地】

　　不詳

【典藏地】

　　羅振玉舊藏，現藏北京故宮博物院。〔註114〕

【著錄】

《集成》器號	12105
著　　　錄	鄒安：〈鷹符〉，《周金文存》，1916 年，卷六下，頁 126 左。
	羅振玉：〈鷹節〉，《增訂歷代符牌圖錄》，1925 年，圖錄上，頁 1 右上。
	劉體智：〈鷹節一〉，《小校經閣金石文字》，1935 年，卷九，頁 105 右，左上。
	羅振玉：〈鷹節一〉，《三代吉金文存》，1937 年，卷十八，頁 32 右，右上。

〔註114〕中國社會科學院考古研究所編：《殷周金文集成》（修訂增補本）第八冊（北
　　　　京：中華書局，2007 年），頁 6651。

著　　錄	嚴一萍編：〈鷹節二〉，《金文總集》，臺北：藝文印書館，1983 年，器號 7894，頁 4591。
	中國社會科學院考古研究所編：《殷周金文集成》，第十八冊，北京：中華書局，1994 年 12 月，器號 12105，頁 350。

【釋文】

連（傳）虞（遽）帝戊尿（郵）乍（作）▨▨不句酉〔1〕

【註釋】

〔1〕在《鷹節》銘文考釋上，單字有唐蘭先生〈王命傳考〉、朱德熙、裘錫圭〈戰國文字研究（六種）〉，而李家浩先生有〈傳遽鷹節銘文考釋〉專文論之〔註 115〕，筆者擬在前輩學者的基礎上對銘文進行逐字討論。

（一）▨（連）

與銘文同樣的寫法見於《騎傳馬節》作▨，唐蘭先生釋爲「傳」〔註 116〕，學者從之。則銘文應「連」讀「傳」。

（二）▨（虞）

朱德熙、裘錫圭先生考釋爲「虞」讀「遽」，認爲字形上從「虍」，下部爲「吳」字的進一步簡化，即把邵鐘和壬午劍虞字所從的吳省去▨形，只剩下下端的足形〔註 117〕。按，朱裘二位先生所釋筆者從之，與銘文「虍」寫法相近的字形又見▨（《古璽彙編》3447）偏旁▨、▨〔註 118〕（《古璽彙編》3478）偏旁作▨，筆畫略有殘損，筆者將筆畫復原後作▨，「虍」旁與銘文相近。銘文下部作▨（▨），寫法與「乘」字上部足形作▨（《二十年距末》，《集成》卷十八，器號 11916-6）相合，朱、裘二位先生舉▨（邵鬱鐘），《集成》

〔註 115〕唐蘭：〈王命傳考〉，北京大學《國學季刊》六卷四號，1946 年，頁 61～73；朱德熙、裘錫圭：〈戰國文字研究（六種）〉，《考古學報》1972 年第一期，頁 73～89；李家浩：〈傳遽鷹節銘文考釋——戰國符節銘文研究之二〉，《海上論叢》第二輯，1998 年，頁 17～33。

〔註 116〕唐蘭：〈王命傳考〉，北京大學《國學季刊》六卷四號，1946 年，頁 72。

〔註 117〕朱德熙、裘錫圭：〈戰國文字研究（六種）〉，《考古學報》1972 年第一期，頁 88。

〔註 118〕璽文在筆畫上略有殘缺，湯餘惠（〈略論戰國文字形體研究中的幾個問題〉，北京：中華書局，《古文字研究》第十五輯，1986 年 6 月，頁 72）、何琳儀先生（《戰國古文字典》，北京：中華書局，1998 年 9 月，頁 445）釋爲「虎」。

卷一，器號 226）、（《少虞劍》，《集成》卷十八，器號 11696）兩虞字爲例，認爲是「舁」的進一步簡化，省去形，只剩下端的足形，甚確。銘文釋爲「虞」讀「遽」〔註119〕，與上字連讀「傳遽」，「傳遽」或作「遽傳」，見於典籍，如《周禮‧秋官‧行夫》：「掌邦國傳遽之小事。」鄭玄注：「傳遽，若今時乘傳騎驛而使者也。」、《左傳》哀公二十一年：「群臣將傳遽以告寡君」〔註120〕。

（三）（）

李家浩先生釋爲「帚」〔註121〕，對比古文字中「帚」的寫法：

3.16.1「帚」字字形表

字形			遉（歸）	遉（歸）	歸	歸
偏旁						
出處	《佚》527	《甲》九四四	《包山》205	《包山》206	《集成》卷九，《歸父敦》，器號 4640	《集成》卷十六，《齊大宰歸父盤》，器號 10151
分域	甲骨		楚系		齊系	

字形	歸	婦		
偏旁				
出處	《侯馬》一：五一	《集成》卷十六，《晉公盆》，器號 10342-8	《古璽彙編》60	《古璽彙編》158
分域	三晉系		燕系	

對比上表，銘文寫法與燕系寫法相合，則釋爲「帚」無疑。

〔註119〕 「虞」，《說文》言「篆文虞省」，實與「虞」爲同字，而「虞」、「遽」皆爲群母魚部字，字音通讀上沒有問題。然「虞」之或體作「鐻」，「鐻」、「遽」皆從「豦」得聲，又爲字音通讀之一證。

〔註120〕 〔漢〕鄭玄注、〔唐〕賈公彥疏：《周禮注疏》（台北：藝文印書館，1979 年），卷十八，頁 13，總頁 581；楊伯峻編著：《春秋左傳注（修訂本）》，北京：中華書局，2000 年 7 月，頁 1718。

〔註121〕 李家浩：〈傳遽鷹節銘文考釋——戰國符節銘文研究之二〉，《海上論叢》第二輯，1998 年，頁 17。

（四）（）

　　李家浩先生釋爲「戉」〔註122〕，銘文寫法與古文字常見「戉」字作（《包山》31）、（《集成》卷十六，《晉公盆》，器號 10371）、（《古璽彙編》0703）、（《古璽彙編》3821）相合，故釋爲「戉」可從。

（五）隸定爲讀爲「郵」，考釋參本章器號 5《騎傳馬節》。

（六）（）

　　李家浩先生釋爲「舟」，並對比燕國燕王戈器銘文中的字（李家浩先生摹本〔註123〕，下文以 A 字代之），李先生將字形分析爲從「爪」從「舟」從「心」，是從「心」，「受」省聲的字，可能爲「慢」字的異體。而有 A 字的兵器，其銘文作：

　　　　郾侯職 A□ 萃鋸（《集成》卷十七，器號 11221）
　　　　郾王詈 A 巨攺鋸（《集成》卷十七，器號 11240）
對比燕國兵器銘文同樣語法位置上的字，如：

　　　　郾侯職乍（作）萃鋸（《集成》卷十七，器號 11223）
A 字或爲「乍（作）」，上古音「受」、「舟」、「鑄」都是幽部字，可通，故銘文「舟」應讀爲「鑄」。〔註124〕

　　按，要分析銘文所釋爲何，首先要對李家浩先生將銘文釋爲「舟」的根據——燕國燕王戈器銘文中的 A 字應釋爲何進行討論。

　　在燕王戈器銘文中，燕王的名字後都有一個表示製造義的動詞，隨著戈器時代的不同，使用的動詞也有所差異，早期的戈器使用「乍（作）」字，而晚期兵器中表製造義的動詞，字形寫法則頗有差異〔註125〕，例如：

〔註122〕李家浩：〈傳遽鷹節銘文考釋——戰國符節銘文研究之二〉，《海上論叢》第二輯，1998 年，頁 17。

〔註123〕李家浩先生摹自《文物》1982 年八期圖版捌·1，可參〈傳遽鷹節銘文考釋——戰國符節銘文研究之二〉，《海上論叢》第二輯，1998 年，頁 22。

〔註124〕李家浩：〈傳遽鷹節銘文考釋——戰國符節銘文研究之二〉，《海上論叢》第二輯，1998 年，頁 22～23。

〔註125〕關於燕王戈器表示製造義的動詞早期用「乍（作）」，和晚期用字有所差異的討論，參馮勝君：〈戰國燕王戈研究〉（北京：紫禁城出版社，《華學》第三輯，1998 年 11 月），頁 244；林清源師：〈戰國燕王戈器銘特徵及其定名辨僞問題〉（台北：中央研究院歷史語言研究所，《中央研究院歷史語言研究所集刊》第七十本第一分，1999 年 3 月），頁 242，註釋 5。

3.16.2「」字字形表

編號	I	II	III	IV	V	VI	VII
字形							
器名	郾侯職戈	郾王詈戈	郾王喜戈	郾王詈戈	郾王喜矛	郾王喜劍	郾王職劍
集成器號	11221	11240	11249	11350	11529	11613	11634

　　值得注意的是，上表所羅列的字形很明顯下部都是從「心」旁的，但上部所從的構形並不十分清楚。

　　湯餘惠先生曾討論 A 字，摹本作，隸定爲「愸」，即「愸」，從「心」，「受」省聲，銘文讀爲「授」。李家浩先生對於 A 字的分析亦是參自湯餘惠先生，但是將字形分析爲從「爪」從「舟」從「心」，是「愛」字的異體〔註126〕。筆者認爲將 A 字上部隸定或分析爲從「爪」從「舟」，恐還有待商榷，首先考察古文字中「舟」字的寫法：

3.16.3「舟」字字形表

字形				般	俞	俞
偏旁						
出處	《包山》157	《郭店・成之聞之》35	《集成》卷十五，《庚壺》，器號 9733	《集成》卷十六，《庚壺》，器號	《侯馬》一九七：二〇	《古璽彙編》3316
分域	楚系		齊系		三晉系	

字形	栿	愉	
偏旁			
出處	《古璽彙編》2407	《古璽彙編》3403	《古璽彙編》5500
分域	燕系		

〔註126〕湯餘惠先生的説法見《戰國銘文選・燕王喜戈》（長春：吉林大學出版社，1993年 9 月），頁 64。其字形摹本摹字；李家浩先生參看湯餘惠先生的説法，見〈傳遽鷹節銘文考釋——戰國符節銘文研究之二〉，《海上論叢》第二輯，1998年，頁 22，註釋 1。

考察上表各分域「舟」字的寫法，皆與李、湯二位先生所摹 A 字釋為「舟」的 ⊔工 形和各系文字的寫法相遠，則將 ⊔工 旁釋為「舟」不可從，吳振武先生也提出「舟字無論怎樣變，都不出現點狀筆畫」〔註127〕的看法。董珊、陳劍兩位先生對 ⊔工 旁的寫法做過討論，認為是「乍」形的一種變體〔註128〕，其說可從。然如 A 字代表製造義動詞的字形，上表 3.16.2 共理出七字，其中字形「IV」，林清源師曾做過討論，認為上表所述的字形「IV」應釋為從「乍」從「心」的「㤅」，讀為「作」〔註129〕。而戰國燕系的「乍」字寫作 ⊔ （《集成》卷十七，《郾王職戈》，器號 11224），與字形「IV」上部的寫法是相合的，林清源師的意見筆者從之。則 ⊔工 旁釋為「乍」，讀為「作」。

（七）📷（音）

李家浩先生釋為「右」，並舉《古璽彙編》0846，《蔡侯盤》「祐受無已」之「祐」所從「右」旁的寫法為例證之。按，《古璽彙編》0846 中「右」字作📷，《蔡侯盤》「祐受無已」之「祐」所從「右」旁則寫作📷（《集成》卷十六，器號 10171），上引兩字皆可分析為從「又」從「曰」，寫法確實與銘文相類〔註130〕，但銘文下部的「曰」字，其下又有筆畫作「📷（📷）」，和戰國文字「貝」字簡省一橫筆的寫法相似，「貝」簡省一橫筆的寫法例如：

3.16.4「貝」字字形表

字形	📷齍	📷	📷賸	📷
偏旁	📷	📷	📷	
出處	《陶文圖錄》2.4.1	《貨幣大系》4112	《集成》卷五，《費奴父鼎》，器號 2589	《古錢》頁 662
分域	齊系		三晉系	

〔註127〕關於戰國燕系「舟」字的寫法，可參吳振武：〈戰國刻銘中的「泉」字〉，《華學》第二輯（廣州：中山大學出版社，1996 年 12 月），頁 47～48 之分析。

〔註128〕董珊、陳劍：〈郾王職壺銘文研究〉，《北京大學中國古文獻研究中心集刊》第三輯（北京：北京大學出版社，2002 年 10 月），頁 32～34。

〔註129〕林清源師：〈戰國燕王戈器銘特徵及其定名辨偽問題〉（台北：中央研究院歷史語言研究所，《中央研究院歷史語言研究所集刊》第七十本第一分，1999 年 3 月），頁 242，註釋 5。

〔註130〕李家浩先生又舉📷（《古璽彙編》0941）、📷（《古璽彙編》3243）兩個字形下方加二短橫的例子，但筆者認為二短橫疑為飾筆。

綜觀各系所見「貝」字或從「貝」之字來看，簡省一橫筆寫法較不多見，但本文所討論的兩件《鷹節》和二件《雁節》，同樣寫法的 字皆見於上述三件節器，若依李家浩先生將字形釋爲「右」，從「又」從「日」的「右」字寫法於古文字中實爲少見，從「日」應是「右」字本所從的「口」形增繁加上點畫，如 （《古璽彙編》0846）從所的「口」作 ；或是從所的「口」加上橫筆，如 （《蔡侯盤》，《集成》卷十六，器號 10171）從所的「口」作 ，但 （）很顯然的下方右邊還有一畫撇筆，下方左邊因已爲器形之邊緣，有無筆畫難以確證，但若將字形釋爲「右」，只能將下方右邊撇筆視爲飾筆，但筆者觀察到 （）與「貝」字簡省一橫筆的寫法相似，因此認爲可將字形隸定爲「頁」，讀法待考。

（八）（丯）

李家浩先生隸定爲「丯」，並據《說文》言「契」從「㓞」聲，而「㓞」又從「丯」聲，故「丯」可讀作「契」，與上文連讀爲「右契」〔註131〕。何琳儀先生則釋爲「身」〔註132〕。以上述二家之說，對比戰國文字各系之「身」字作下述等形：

3.16.5「身」字字形表

字形				
出處	《郭店・老子甲》35	《《上博》（二）・容成氏》35	《邾公華鐘》・《集成》卷一，器號 245	《叔夷鎛》，《集成》卷一，器號 285-5
分域			齊系	

字形				
出處	《侯馬》一六五：一九	《古璽彙編》4639	《古璽彙編》0364	《古璽彙編》3463
分域	晉系		燕系	

據上表各系「身」字的寫法，與 寫法不類，釋爲「身」不可從。李家

〔註131〕李家浩：〈傳遽鷹節銘文考釋——戰國符節銘文研究之二〉，《海上論叢》第二輯，1998 年，頁 23～29。
〔註132〕何琳儀：《戰國古文字典》（北京：中華書局，1998 年 9 月），頁 1552。

浩先生將「丰」讀作「契」之說，是與上字釋爲「右」之字通讀爲「右契」，但筆者認爲上字釋爲「右」恐有再考慮的空間，因此字形讀法仍有待考釋。

（九）🔲（不）

字形釋爲「不」無疑。

（十）🔲（句）

李家浩先生釋爲「句」，讀爲「拘」，「拘」從「句」聲，故可通〔註133〕，與下字連讀爲「拘留」。筆者認爲字形釋爲「句」可從，但讀法仍有待考釋。

（十一）🔲（酋）

李家浩先生釋爲「酋」，讀爲「留」，與下字連讀爲「拘留」〔註134〕。按「酋」字見🔲（《古璽彙編》5268）、🔲（《上博（二）‧容成氏》1），釋「酋」可從，但筆者認爲讀法仍有待考釋。

【斷代及國別】

戰國燕器

【主要參考文獻】

1、唐蘭：〈王命傳考〉，北京大學《國學季刊》六卷四號，1946 年，頁 61～73。

【案】又輯入《唐蘭先生金文論集》，北京：紫禁城出版社，1995 年 10 月，頁 53 ～61。

2、朱德熙、裘錫圭：〈戰國文字研究（六種）〉，《考古學報》1972 年第一期，頁 73～89。

【案】又輯入《朱德熙古文字論集》，北京：中華書局，1995 年 2 月，頁 31～53。

3、李家浩：〈傳遽鷹節銘文考釋——戰國符節銘文研究之二〉，《海上論叢》第二輯，1998 年，頁 17～33。

【案】又輯入李家浩：《著名中年語言學家自選集‧李家浩卷》，合肥：安徽教育出版社，2002 年 4 月，頁 82～100。

〔註133〕李家浩：〈傳遽鷹節銘文考釋——戰國符節銘文研究之二〉，《海上論叢》第二輯，1998 年，頁 29。

〔註134〕李家浩：〈傳遽鷹節銘文考釋——戰國符節銘文研究之二〉，《海上論叢》第二輯，1998 年，頁 29。

【備註】

　　本器的銘文考釋，僅李家浩先生於〈傳遽鷹節銘文考釋——戰國符節銘文研究之二〉一文中提出「傳遽（遽），帚戊矣（郵）舟（鑄），右丰（契），不句（拘）酋（留）」的全部銘文通讀，此說於詞語文義上的說解相當完整，但正如筆者於前文對各字所做的考釋所論，將 字釋為「右」在字形上有令人不安之處。而將「句酋」讀為「拘留」李家浩先生舉《居延漢簡》中「毋苟留」的例子證之〔註135〕，考量到文獻時代，先秦的典籍中可見「拘」和「留」二字單獨使用的例子，但尚未見「拘」、「留」連讀之例，因此筆者認為「句酋」之讀法仍有待細考。

〔註135〕李家浩：〈傳遽鷹節銘文考釋——戰國符節銘文研究之二〉，《海上論叢》第二輯，1998 年，頁 30～31。

【器號】17

【器名】鷹節（二）

【器形】

引自中國社會科學院考古研究所編：《殷周金文集成》（修訂增補本）第八冊，北京：中華書局，2007年，器號12106頁6598

【出土地】

不詳

【典藏地】

不詳

【著錄】

《集成》器號	12105
著　　錄	鄒安：〈鷹符〉，《周金文存》，1916年，卷六下，頁126左。
	羅振玉：〈鷹節〉，《增訂歷代符牌圖錄》，1925年，圖錄上，頁1右上。
	劉體智：〈鷹節一〉，《小校經閣金石文字》，1935年，卷九，頁105右，左上。
	羅振玉：〈鷹節一〉，《三代吉金文存》，1937年，卷十八，頁32右，右上。
	嚴一萍編：〈鷹節二〉，《金文總集》，臺北：藝文印書館，1983年，器號7894，頁4591。
	中國社會科學院考古研究所編：《殷周金文集成》，第十八冊，北京：中華書局，1994年12月，器號12105，頁350。

【釋文】

連（傳）虞（遽）帚戊屄（郵）乍（作）右羍不句酋

【註釋】

參器號 16，鷹節（一）考釋

【斷代及國別】

戰國燕器

【主要參考文獻】

1、唐蘭：〈王命傳考〉，北京大學《國學季刊》六卷四號，1946 年，頁 61～73。

【案】又輯入《唐蘭先生金文論集》，北京：紫禁城出版社，1995 年 10 月，頁 53
　　　～61。

2、朱德熙、裘錫圭：〈戰國文字研究（六種）〉，《考古學報》1972 年第一期，頁
　　　73～89

【案】又輯入《朱德熙古文字論集》，北京：中華書局，1995 年 2 月，頁 31～53。

3、李家浩：〈傳遽鷹節銘文考釋——戰國符節銘文研究之二〉，《海上論叢》第二
　　　輯，1998 年，頁 17～33。

【案】又輯入李家浩：《著名中年語言學家自選集·李家浩卷》，合肥：安徽教育出
　　　版社，2002 年 4 月，頁 82～100。

【器號】18

【器名】雁節（一）

【器形及說明】

引自中國社會科學院考古研究所編：《殷周金文集成》（修訂增補本）第八
冊，北京：中華書局，2007 年，器號 12103，頁 6596。

　　器形爲雁形，從搨本及摹本來看，器形雕飾紋路爲立體浮雕，銘文字形
不甚清晰，對比另一同爲雁形器的銘文，和《鷹節》銘文相同，則此器銘文
依他器補之。

【出土地】

　　不詳

【典藏地】

　　中國社會科學院考古研究所藏。〔註 136〕

【著錄】

《集成》器號	12103
著　　錄	羅振玉：〈鴈節〉，《增訂歷代符牌圖錄》，1925 年，圖錄上，頁 1 左上。
	羅振玉：〈雁節〉，《三代吉金文存》，1937 年，卷十八，頁 31 左，右下。
	嚴一萍編：〈雁節〉，《金文總集》，臺北：藝文印書館，1983 年，器號 7892，頁 4591。
	中國社會科學院考古研究所編：《殷周金文集成》，第十八冊，北京：中華書局，1994 年 12 月，器號 12103，頁 349。

〔註 136〕中國社會科學院考古研究所編：《殷周金文集成》（修訂增補本）第八冊（北
　　　　京：中華書局，2007 年），頁 6651。

【釋文】

　　連（傳）虡（遽）〔帝戌屍（郵）乍（作）𢼩不〕句酋

【註釋】

　　參器號 16，《鷹節》（一）考釋

【斷代及國別】

　　戰國齊器

【相關研究文獻】

1、李家浩：〈傳遽鷹節銘文考釋──戰國符節銘文研究之二〉，《海上論叢》第二
　　輯，1998 年，頁 17～33。

【案】又輯入李家浩：《著名中年語言學家自選集・李家浩卷》，合肥：安徽教育出
　　版社，2002 年 4 月，頁 82～100。

【器號】19

【器名】雁節（二）

【器形】

器形、摹本引自中國社會科學院考古研究所編：《殷周金文集成》（修訂增補本）第八冊，北京：中華書局，2007年，器號12104，頁6597。

　　器形呈雁形團狀，雕飾爲立體浮雕，器之首尾有殘損，銘文亦有缺漏，銘文可據《鷹節》銘文補缺。

【出土地】

　　不詳

【典藏地】

　　方若舊藏，現藏中國國家博物館。〔註137〕

【著錄】

《集成》器號	12104
著　　　　錄	羅振玉：〈鴈節〉，《增訂歷代符牌圖錄》，1925年，圖錄上，頁1右下。
	羅振玉：〈雁節〉，《三代吉金文存》，1937年，卷十八，頁31左，左下。
	嚴一萍編：〈鷹節一〉，《金文總集》，臺北：藝文印書館，1983年，器號7893，頁4591。
	中國社會科學院考古研究所編：《殷周金文集成》，第十八冊，北京：中華書局，1994年12月，器號12104，頁350。

【釋文】

　　連（傳）虞（遽）帚戊戻（郵）乍（作）〔有〕羊不〔句酋〕

〔註137〕中國社會科學院考古研究所編：《殷周金文集成》（修訂增補本）第八冊（北京：中華書局，2007年），頁6651。按，典藏地中國歷史博物館已於2003年與中國革命博物館重組爲中國國家博物館。

【註釋】

　　參器號 16，《鷹節》（一）考釋

【斷代及國別】

　　戰國齊器

【相關研究文獻】

　1、李家浩：〈傳遽鷹節銘文考釋──戰國符節銘文研究之二〉，《海上論叢》第二
　　　輯，1998 年，頁 17～33。

　【案】又輯入李家浩：《著名中年語言學家自選集・李家浩卷》，合肥：安徽教育出
　　　版社，2002 年 4 月，頁 82～100。

【器號】20

【器名】辟大夫虎節

【器形及說明】

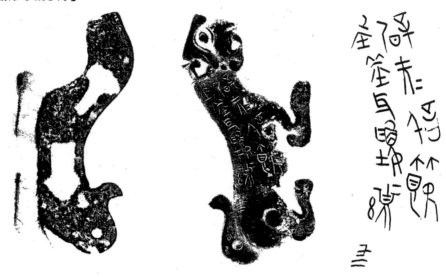

圖版及節銘摹本引自中國社會科學院考古研究所編：《殷周金文集成》（修訂增補本）第八冊，北京：中華書局，2007年，器號12107，頁6598。

器形呈伏虎狀，僅存右半，有銘文九字，合文一字。

【出土地】

不詳

【典藏地】

陶祖光、羅振玉舊藏，現藏北京故宮博物院。〔註138〕

【著錄】

《集成》器號	12107
著　　錄	羅振玉：〈辟夫夫虎節〉，《增訂歷代符牌圖錄》，1925年，圖錄上，頁2右下。
	中國社會科學院考古研究所編：《殷周金文集成》，第十八冊，北京：中華書局，1994年12月，器號12107，頁351。

〔註138〕中國社會科學院考古研究所編：《殷周金文集成》（修訂增補本）第八冊（北京：中華書局，2007年），頁6651。

【釋文】

辟夫=（大夫）信節 [1] 〈文字摹本右行〉

〔塡〕丘牙（與）壄紣 [2] 〈文字摹本左行〉

〔塡〕丘牙（與）壄紣辟大夫信節 [3] 〈通讀〉

【註釋】

〔1〕銘文右行共計五字，又合文一字，前三字爲官名，後兩字爲「信節」，銘文句勢與《偏將軍虎節》相同，以下則逐字論之。

（一）辟

字釋爲「辟」，與下文連讀爲「辟大夫」，李家浩先生認爲「辟」非爲人名，引《左傳》成公二年齊晉鞌之戰，齊頃公免於難時，與「辟司徒」之妻有一段對話，而「辟司徒」一詞，杜注曰：「辟司徒，主壘壁者。」〔註139〕又出土文獻中亦多見假「辟」爲「壁」的例子，「辟大夫」之「辟」也應讀爲「壁」，對比推之，「辟大夫」的職掌應該跟「辟司徒」一樣是主壘壁〔註140〕。古書中有「壁壘」之語，《六韜・龍韜・王翼》：「股肱四人：主任重持難，修溝塹，治壁壘，以備守御」；《淮南子・兵略訓》：「相地形，處次舍，治壁壘，審煙斥，居高陵，舍出處，此善爲地形者也。」〔註141〕則「辟司徒」應如杜注所言爲主治壘壁之官，「辟大夫」之執掌或與主治壘壁有所相關。

（二）大夫

銘文爲「大夫」二字合文，「大夫」合文常見於出土文獻，何琳儀先生歸爲「合文借用形體」一類，並定義爲「這類合文雖屬借用偏旁，但所借用的偏旁在合文中又是一個獨立的字」〔註142〕。下表則羅列各分域「大夫」之合文：

〔註139〕楊伯峻編著：《春秋左傳注（修訂本）》（北京：中華書局，2000年7月），頁796。

〔註140〕李家浩：〈貴將軍虎節與辟大夫虎節——戰國符節銘文研究之一〉，《中國歷史博物館館刊》，1993年第二期，頁54。

〔註141〕曹勝高、安娜注：《中華經典藏書——六韜鬼谷子》（北京：中華書局，2007年4月），頁77；〔漢〕劉安編，何寧撰：《淮南子集釋》（北京：中華書局，1998年10月），頁1095。

〔註142〕何琳儀：《戰國文字通論（訂補）》（南京：江蘇教育出版社，2003年1月），頁212。

3.20.1「大夫」合文字形表

字形				
出處	《包山》41	《上博（四）·曹沫之陣》39	《古璽彙編》0098	《戰國璽印分域編》601
分域	楚系		齊系	

字形				
出處	《中山王嚳壺》，《集成》卷十五，器號 9735	《侯馬》一六：三	《大夫北鏃》，《集成》卷十八，器號 11991	《六年五大夫弩機》，《集成》卷十八，器號 11931
分域	三晉系		燕系	

（三）「信」字銘文右下略殘，作，但知釋爲「信」字無疑。「節」字右旁寫法作，與一般戰國文字常見「節」字的寫法略有差異，但亦釋爲「節」字爲確。

〔2〕銘文左行共計五字，首字不清，句勢亦與《偏將軍虎節》相同，可對比《偏將軍虎節》補字，以下則逐字論之。爲對照《偏將軍虎節》、《辟大夫虎節》相同之銘文，制一表如下：

隸　定	填	丘	牙	塿	絣
《偏將軍虎節》					
《辟大夫虎節》					

（一）首字不清，搨本作，摹本作，李家浩先生認爲可據《偏將軍虎節》文例補「塡」字〔註 143〕。按《偏將軍虎節》之文例：「塡丘牙（與）塿絣」，以及其「塡」字摹本作，對比《辟大夫虎節》摹本字形，兩形差異甚大實難相較，而今據文例補「塡」字可從。除首字不清，考察上表，其他四字寫法與《偏將軍虎節》相合，故釋丘、牙、塿、絣皆可從。

〔3〕銘文可通讀爲「〔塡〕丘牙（與）塿絣辟大夫信節」，對比《偏將軍

〔註 143〕李家浩：〈貴將軍虎節與辟大夫虎節——戰國符節銘文研究之一〉，《中國歷史博物館館刊》，1993 年第二期，頁 51～52。

虎節》銘文，其義爲「塡丘頒發給壞絩的辟大夫的信節」，「塡丘」可通讀爲「臨淄」，應是由首都頒發給駐地大夫的信憑符節。

【斷代及國別】

戰國齊器

【相關研究文獻】

1、李家浩：〈貴將軍虎節與辟大夫虎節——戰國符節銘文研究之一〉，《中國歷史博物館館刊》，1993 年第二期，頁 50～55。

【器號】21

【器名】偏將軍虎節

【器形及說明】

圖版引自鍾柏生、陳昭容、黃銘崇、袁國華編：《新收殷周青銅器銘文暨器影彙編》，臺北：藝文印書館，2006 年 4 月，器號 1559，頁 1067；文字摹本引自李家浩：〈貴將軍虎節與辟大夫虎節——戰國符節銘文研究之一〉，《中國歷史博物館館刊》，1993 年第二期，頁 50。〔註 144〕

【出土地】

不詳

【典藏地】

現藏中國國家博物館。〔註 145〕

【著錄】

《集成》器號	未收
著　　　錄	中國青銅器全集編輯委員會編：《中國青銅器全集》第八冊，北京：文物出版社，1993 年。
	鍾柏生、陳昭容、黃銘崇、袁國華：〈貴將軍信節〉，《新收殷周青銅器銘文暨器影彙編》，臺北：藝文印書館，2006 年 4 月，器號 1559，頁 1067。

〔註 144〕李家浩先生言此節是右半，作伏虎形，翹尾（略有殘缺），正面有銘文兩行十字，李先生並於參觀中國歷史博物館通史館時見到原器，隔著陳列櫃的玻璃對其銘文進行了摹寫，見李家浩：〈貴將軍虎節與辟大夫虎節——戰國符節銘文研究之一〉（《中國歷史博物館館刊》，1993 年第二期），頁 50。

〔註 145〕鍾柏生、陳昭容、黃銘崇、袁國華編：《新收殷周青銅器銘文暨器影彙編》，臺北：藝文印書館，2006 年 4 月，器號 1559，頁 1067。

| 著　　　錄 | 吳鎮烽：《商周金文通鑒》，2007 年，器號 19180。 |
| | 劉雨、嚴志斌：〈韓將庶虎節〉，《近出殷周金文集錄二編》，北京：中華書局，2010 年 2 月，器號 1345，頁 311。 |

【釋文】

偏牄（將）軍信節[1]〈文字摹本右行〉

塡丘牙（與）塿絣[2]〈文字摹本左行〉

塡丘牙（與）塿絣偏將軍信節[3]〈通讀〉

【註釋】

〔1〕李家浩先生曾對銘文作過全面的討論，今擬在李先生討論的基礎上，對銘文進行釋讀。

（一）🔲

字形（下文以 A 代之）下方有兩筆橫畫代表省寫，於古文字中多見。李家浩先生認爲字形雖與「弁」、「貴」上部寫法相近，現參看古文字中「貴」寫法：

3.21.1「貴」字字形表

字形	🔲	🔲	🔲	🔲
出處	《郭店・老子甲》29	《郭店・老子乙》5	《古璽彙編》4079	《古璽彙編》1751
分域	楚系		二晉系	

再看古文字中「弁」寫法：

3.21.2「弁」字字形表

字形	🔲	🔲	🔲	🔲	🔲	🔲	🔲
出處	《包山》240	《上博（一）・孔子詩論》8	《侯馬》一：三〇	《侯馬》一：七七	《侯馬》一：二一	《侯馬》七七：四	《齊大宰歸父盤》，《集成》卷十六，器號10151
分域	楚系		三晉系				齊系

就古文字中「貴」、「弁」二字寫法來看，上半部的寫法非常接近，而就銘文 A 字論之，上部作「🔲」應是「🔲」形橫筆向下移動而成，而字形下半

部則予以簡省，以兩橫筆示之。僅就字形上半部的寫法來說，釋爲「貴」或「弁」都是有可能的。

李家浩先生認爲銘文左行最末字已有「弁」之偏旁，故以釋「貴」較確〔註 146〕，並將「貴」通讀爲「銳」，即《左傳》所言的「銳司徒」，爲主管銳兵之將軍〔註 147〕。按，在字形寫法上，考慮到「弁」字在《侯馬盟書》、《齊大宰歸父盤》都有與銘文相同簡省寫法的例子，而「貴」字筆者則尚未見如此簡省的寫法。而在釋義通讀上，李家浩先生以「從『貴』聲之字與『遂』字和從『遂』聲之字相通，而從『遂』聲之字又與從『兌』聲之字相通，那麼『貴』字與從『兌』聲的『銳』字也可以相通。」〔註 148〕的思路來思考，但將「貴」通讀爲「銳」，筆者認爲通讀過程是比較曲折的。值得注意的是，裘錫圭先生曾說：

> 《殷周金文集成》所收之器的數量遠超過《金文總集》等書，但是對資料的去取也有一些問題。以此書最後印出的第十八冊的最後一部分，份量不多的"符節類銘文"而言，就漏收了中國歷史博物館已收藏多年且曾公開陳列過的、有很高研究價值的"弁（偏）將軍信節"。〔註 149〕

則裘先生將 A 字釋爲「弁」讀爲「偏」，稱器名爲「弁（偏）將軍信節」，而孫剛先生《齊文字編》亦將 A 字釋爲「弁」讀爲「偏」〔註 150〕。按，「弁」並母元部；「偏」滂母眞部〔註 151〕，並、滂二母爲旁紐，元、眞二部爲旁轉，在字音通讀上並無問題，「偏將軍」一詞早見於《郭店·老子丙》簡 9：「偏將軍居左，上將軍居右。」就詞語出現的時代來說，是沒問題的。至於李家浩

〔註 146〕 李家浩：〈貴將軍虎節與辟大夫虎節——戰國符節銘文研究之一〉（《中國歷史博物館館刊》，1993 年第二期），頁 50。

〔註 147〕 李家浩：〈貴將軍虎節與辟大夫虎節——戰國符節銘文研究之一〉（《中國歷史博物館館刊》，1993 年第二期），頁 54。

〔註 148〕 李家浩：〈貴將軍虎節與辟大夫虎節——戰國符節銘文研究之一〉（《中國歷史博物館館刊》，1993 年第二期），頁 54。

〔註 149〕 裘錫圭：〈推動古文字學發展的當務之急〉，原文刊載於《學術史與方法學的省思——中央研究院歷史語言研究所七十周年研討會論文集》，中央研究院歷史語言研究所，2000 年 12 月。後轉載於復旦大學出土文獻與古文字研究中心網站 http://www.gwz.fudan.edu.cn/SrcShow.asp?Src_ID=210，2007 年 12 月。此條資料蒙高佑仁學長提示，於此特申謝忱。

〔註 150〕 孫剛：《齊文字編》（福州：福建人民出版社，2010 年 1 月），頁 239。

〔註 151〕 郭錫良：《漢字古音手冊》（北京：北京大學出版社，1986 年 11 月），頁 213。

先生亦舉 （《古璽彙編》1523）字之例，認爲在璽文中用作人名，釋爲「貴」〔註152〕，但若就人名而言，將字形釋爲「弁」亦無不可〔註153〕，不一定能成爲將 A 釋爲「貴」的確證。

（二）

李家浩先生認爲銘文爲「䣄」，原文所從的「酉」旁寫作「目」字形，當是變體〔註154〕。按，字形左從「爿」，右上從「夕」，右下所從與戰國文字酉字作 （《包山》233）下部相類，而與戰國文字「目」字相較：

3.21.3「目」字字形表

字形					
出處	《郭店・五行》47	《陶文彙編》2.463.3	《古璽彙編》3135	《古璽彙編》0378	《古璽彙編》0565
分域	楚系	齊系	三晉系		燕系

銘文右下的寫法與戰國文字「目」的寫法不類，應非「酉」之變體寫作「目」形，而應是「酉」的簡省。另外，考察古文字中釋爲「將」的字形：

3.21.4「將」字字形表

字形					
出處	《郭店・老子丙》9	《上博（一）・孔子詩論》4	《中山王方壺》，《集成》卷十五，器號 9735	《古璽彙編》0048	《九年將軍戈》，《集成》卷十七，器號 11325
分域	楚系		三晉系		燕系

〔註152〕李家浩：〈貴將軍虎節與辟大夫虎節——戰國符節銘文研究之一〉（《中國歷史博物館館刊》，1993 年第二期），頁 50～51。徐寶貴先生也認爲應釋爲「貴」，字形爲「貴」字省略下部而成，見〈戰國璽印文字考釋〉（《古文字研究》第二十輯，2000 年 3 月），頁 235～236。

〔註153〕如吳振武先生就將 釋爲「覍」即「弁」字，見吳振武：〈《古璽彙編》釋文訂補與分類修訂〉（《古文字學論集初編》，香港：香港中文大學中國文化研究所，1982 年），頁 499；湯志彪《三晉文字編》（吉林大學古籍研究所博士論文，2009 年 12 月，頁 547）亦將 置於「覍」字條下。

〔註154〕李家浩：〈貴將軍虎節與辟大夫虎節——戰國符節銘文研究之一〉，《中國歷史博物館館刊》，1993 年第二期，頁 51。

上表各系皆以「酉」字讀爲「醬」或「將」等音讀相同或相類的字,《說文》說「將」:「從寸,醬省聲」(頁122)而《說文》小篆「醬」字的寫法作 ,跟銘文的寫法相類,只是銘文右下的「酉」字寫法有所簡省,齊系文字應是以「醬」讀爲「將」,故釋爲「將」可從。

(三)

李家浩先生分析字形爲從「兄」從「勹」,銘文所從「兄」字與《齊子仲姜鎛》「兄」字相同,並引《古文四聲韻》卷一臻韻古文「軍」字證之,認爲銘文爲「軍」字〔註155〕。按,李家浩先生所說《齊子仲姜鎛》於《集成》名爲《鎛鐘》(又名《齊侯鎛》,器號271),其中「兄」字作 ,相似的字形也見 (《郭店·語叢一》70),皆與銘文相類。而偏旁「勹」於古文字中作:

3.21.5「勹」字字形表

字形					
偏旁					
出處	《鐵》三三·三	《存》二〇五六	《勻作寶彝簋》,《集成》卷三,器號3381	《上博(二)·容成氏》14	《包山》183
分域	甲骨		楚系		

字形				
偏旁				
出處	《庚壺》,《集成》卷十五,器號9733	《陶文彙編》3.42.1	《十年扁壺》,《集成》卷十五,器號9683	《古璽彙編》1565
分域	齊系		三晉系	

在甲骨文中 是用作「旬」的,「勹」在古文字中大抵作 、 等形,因此將銘文所從的 釋爲「勹」可從。

《古文四聲韻》中「軍」字應見卷一文韻第二十一,其引古文字形作:

字形				
出處	《古老子》	《王庶子碑》	《華嶽碑》	《王存乂切韻》

銘文的寫法與《王存乂切韻》相符。《說文》：「軍，圜圍也，四千人爲車，從包省從車。」，可見《說文》所說的「從包省」當是從勹，故銘文釋爲「軍」可信。

（四）

李家浩先生釋爲「信」〔註156〕，左旁從「人」，右旁與常見的「言」偏旁寫法相較：

3.21.6「言」字字形表

字形						
出處	《甲》四九九	《乙》七六六	《包山》14	《上博（一）·孔子詩論》2	《中山王罍鼎》，《集成》卷五，器號2840	《古璽彙編》4284
分域	甲骨		楚系		三晉系	

銘文的寫法則是在中間的豎筆上有兩筆交叉成「乂」形，和常見的「言」字寫法相比，則是中間的豎筆上多了一橫筆，類似的寫法亦見於《上博（一）·紂衣》：

字形			
出處	簡4	簡16	簡23

則銘文應釋爲「言」無誤，釋爲「信」甚確。

（五）

李家浩先生釋爲「節」〔註157〕，而參看本章《節節》3.1.1「節」字字形表，銘文左旁作「斥」與古文字各分域「節」字所從「卪」旁不類，疑是銘文

〔註156〕李家浩：〈貴將軍虎節與辟大夫虎節——戰國符節銘文研究之一〉，《中國歷史博物館館刊》，1993年第二期，頁51。
〔註157〕李家浩：〈貴將軍虎節與辟大夫虎節——戰國符節銘文研究之一〉，《中國歷史博物館館刊》，1993年第二期，頁51。

譌寫，或筆畫摹寫不清，但釋爲「節」可從。

〔2〕下文逐字討論文字摹本左行。

（一）

與銘文相似的寫法又見於《曾侯乙》簡 10 作，在簡文中讀作「塡」，和銘文相較，「土」旁置於「眞」字之下，而銘文釋爲「塡」可信。

（二）

「丘」字《說文》古文作，參看古文字中「丘」字的寫法：

3.21.7「丘」字字形表

字形					
出處	《上博（二）・魯邦大旱》3	《包山》241	《鄂君啓車節》，《集成》卷十八，器號 12112	《闌丘爲鵬造戈》，《集成》卷十七，器號 11073	《陶文圖錄》3.37.1
分域	楚系			齊系	

字形		
出處	《古璽彙編》3229	《古璽彙編》0324
分域	三晉系	

對比銘文的寫法，與《鄂君啓車節》、《古璽彙編》0324 相合，則銘文釋爲「丘」字無疑。李家浩先生認爲「丘」應與上字連讀爲「塡丘」，是個地名，即齊國初封的都城「營丘」，也就是「臨淄」。因「塡」、「營」二字古音相近，從聲母來說，「塡」屬定母，「營」屬喩母四等，喩母四等與定母十分接近。從韻母來說，「塡」屬眞部，「營」屬耕部，眞耕二部字音關係密切〔註158〕。李先生之說，筆者從之。

（三）

李家浩先生釋爲「牙」讀「與」，並引裘錫圭先生的意見，認爲兩周金文和秦漢篆隸「與」字偏旁皆寫作「牙」。而《戰國縱橫家書》中有「牙」字讀

〔註158〕李家浩：〈貴將軍虎節與辟大夫虎節——戰國符節銘文研究之一〉，《中國歷史博物館館刊》，1993 年第二期，頁 53。

爲「與」，「與」、「牙」古音都是魚部字。則「與」字本從「牙」得聲。故銘文中的「牙」應讀爲「與」。〔註159〕按，考察古文字中「與」的寫法：

3.21.8「與」字字形表

字形					
出處	《上博（二）·容成氏》25	《上博（一）·孔子詩論》4	《郭店·老子甲》5	《集成》卷一，《齲鎛》，器號0271	《陶文圖錄》2.435.1
分域	楚系			齊系	

字形			
出處	《中山王𰻃鼎》，《集成》卷五，器號2840	《侯馬盟書》一九八：一〇	《文物》1983.3，溫縣 T1 坎 1：3211〔註160〕
分域	二晉系		

今從李家浩先生之說，將銘文隸定爲「牙」讀爲「與」。

（四）

字形右旁爲「婁」，參看古文字中的「婁」字：

3.21.9「婁」字字形表

字形				郳	鏤	
偏旁						
出處	《包山》5	《包山》75	《郭店·語叢二》44	《古璽彙編》0237	《古璽彙編》3687	《長陵盉》，《集成》卷十五，器號9452
分域	楚系		齊系		三晉系	

〔註159〕李家浩先生之說見〈貴將軍虎節與辟大夫虎節——戰國符節銘文研究之一〉，《中國歷史博物館館刊》，1993 年第二期，頁 52；裘錫圭先生之說見〈讀《戰國縱橫家書釋文注釋》札記〉，《文史》第三十六輯（北京：中華書局，1992年），頁 78～79：《戰國縱橫家書》的例子見《馬王堆漢墓帛書〔參〕》（北京：文物出版社，1983 年）《戰國縱橫家書》圖版 56、58、65，74 行。
〔註160〕河南省文物研究所：〈河南溫縣東周盟誓遺址一號坎發掘簡報〉，《文物》1983年三期，頁 78～89，下接頁 77。

字形	鄭	書
偏旁		
出處	《古璽彙編》0158	《古璽彙編》3247
分域	燕系	

由上表來看，銘文的寫法與齊系的寫法相類，故釋爲「塿」可從。

（五）

李家浩先生認爲字形左旁似是「糸」，右半與魏《正始石經》古文「變」字（）的左半形近。並認爲魏《正始石經》古文實從「攴」從「弁」字的異體，而將銘文釋爲「綿」〔註161〕。按，李家浩先生之說可從，石經《無逸》古文對比上表 3.24.9「婁」字字形表各分域「弁」字的寫法，與三晉系（《侯馬》一：七七）的寫法相近，而字左旁的異體寫法演變，趙立偉先生認爲：

> 《侯馬盟書》寫於春秋末年，因此在目前所能見到的材料中，「」當爲「覓」字的最早形體，其表示冠飾的折筆下移則爲「」（包山簡 258「笂」字所從），或作「」（郭店·性自 43），表示冠飾的兩點繼續下移與人旁結合最後變作石經古文所從的「」〔註162〕。

其說可參。

而李家浩先生也認爲「綿」應與上字連讀爲「塿綿」，是個地名，可據《辟大夫虎符》出土地定在膠縣境內。另據 1857 年膠縣靈山衛古城出土三件量器都記有「左關」。如果靈山衛古城是左關所在地，那麼它可能是塿綿所屬之關〔註163〕。筆者認爲「塿綿」應是地名可從，但明確之地望尚難確定，李家浩先生之說可備一說。

〔3〕銘文通讀爲「填丘牙（與）塿綿偏將軍信節」，按李家浩先生的釋

〔註161〕李家浩：〈貴將軍虎節與辟大夫虎節——戰國符節銘文研究之一〉，《中國歷史博物館館刊》，1993 年第二期，頁 51。

〔註162〕趙立偉：《魏三體石經古文輯證》（北京：社會科學文獻出版社，2007 年 9 月），頁 298。

〔註163〕李家浩：〈貴將軍虎節與辟大夫虎節——戰國符節銘文研究之一〉，《中國歷史博物館館刊》，1993 年第二期，頁 53～54。

讀爲「塡丘頒發給壞紳的貴將軍的信節」〔註164〕「塡丘」可通讀爲「臨淄」，應是由首都頒發給駐地將軍的信憑符節。

【斷代及國別】

戰國齊器

【主要參考文獻】

1、李家浩：〈貴將軍虎節與辟大夫虎節——戰國符節銘文研究之一〉，《中國歷史博物館館刊》，1993 年第二期，頁 50～55。

〔註164〕李家浩：〈貴將軍虎節與辟大夫虎節——戰國符節銘文研究之一〉，《中國歷史博物館館刊》，1993 年第二期，頁 53。

【器號】22

【器名】鄂君啟車節（一）

【器形及說明】

圖版引自安徽省博物館：《安徽省博物館藏青銅器》，上海：上海人民美術
出版社，1987 年 5 月，圖版七九；摹本引自中國社會科學院考古研究所編：
《殷周金文集成》（修訂增補本）第八冊，北京：中華書局，2007 年，器號
121110B，頁 6602。

【出土地】

　　1957 年出土於安徽省壽縣東門外丘家花園。〔註 165〕

【典藏地】

　　現藏中國國家博物館。〔註 166〕

〔註 165〕殷滌非、羅長銘：〈壽縣出土的"鄂君啓金節"〉，《文物參考資料》1958 年
　　　　　第四期（總第九十二期），頁 8。當時共出土車節三枚。

〔註 166〕中國社會科學院考古研究所編：《殷周金文集成》（修訂增補本）第八冊（北
　　　　　京：中華書局，2007 年），頁 6651。按，典藏地中國歷史博物館已於 2003
　　　　　年與中國革命博物館重組爲中國國家博物館。

【著錄】

郭沫若：〈關於 "鄂君啓節" 的研究〉，《文物參考資料》1958 年第四期（總第九十二期），頁 7（二）；頁 9，圖版二。
中國文化研究所編：《文物精華》第二冊，台北：中國文化研究所，1960 年，頁 16 左；頁 50 左。
于省吾：〈鄂君啓節考釋〉，《考古》1963 年第八期，圖版八。
湯餘惠：〈鄂君啓節〉，《戰國銘文選》，長春：吉林大學出版社，1993 年 9 月，頁 43。
中國社會科學院考古研究所編：《殷周金文集成》（修訂增補本）第八冊，北京：中華書局，2007 年，器號 12110，頁 6601。

【釋文】

大司馬卲（昭）鄾（陽）敗晉帀（師）於襄陵[1]之戠（歲）[2]，顥（夏）
尻之月[3]，乙亥之日，王尻（居）[4]於蔵郢之遊宮[5]。大攻（工）尹
[6]脽台（以）王命＿（命，命）寡（集）尹惡糖、戠尹逆[7]、戠毣（令）
阢，爲鄾（鄂）君啓之賽（府）賸（鑄）[8]盟（鑄）金節[9]。車五十
乘，戠（歲）罷（一）返[10]。母（毋）載金、革、黽、箭[11]。女（如）
馬、女（如）牛、如德（犕）[12]，屯[13]十台（以）噹（當）一車[14]；
女（如）橝（擔）徒[15]，屯廿＿（二十）橝（擔）台（以）噹（當）
一車，台（以）毁於五十乘之中[16]。自鄾（鄂）垄（市）[17]，橐（就）
[18]昜（陽）坒（丘）[19]，橐（就）邡（方）城[20]，橐（就）🐰（兔）
禾[21]，橐（就）栖（柳）焚（棼）[22]，橐（就）綘（繁）昜（陽）[23]，
橐（就）高坒（丘）[24]，橐（就）下鄩（蔡）[25]，橐（就）居鄛（巢）
[26]，橐（就）郢[27]。見[28]其金節則母（毋）政（征），（毋）母舍（餘）
棹（樽／傳）飤（食）[29]，不見其金節則政（征）[30]。

【註釋】

〔1〕銘文作 ⬛⬛，前一字諸家釋爲「襄」，又見於金文作 ⬛（《薛侯
匜》）、楚簡作 ⬛（《郭店・成之聞之》29）殆無疑義。後一字早期考釋則有「陵」、
「陲」二說游移難定，早期將銘文釋爲「陲」但又要考慮到文意「襄陵」
成詞，則需將「陲」通讀爲「陵」，以切合文意。但隨著出土材料日益豐富，
可供對比資料漸多，字形的考釋也終能確定下來，其中鄭剛先生所論甚詳，
其論舉例證可參，「夌」、「垂」二字的寫法在古文字中雖然相近，但還是有
明顯的區隔，如鄭剛先生所釋：

[垂]字與 "陲" 字在字形上也還是有一定的差別的。"垂" 字,小篆作[篆],金文作[字](齊叔夷鎛垂字所從)、籀文作[字](《說文》 "騅" 字籀文所從)。經過比較,我們可以看出[陲]字所從[屮]的與垂字所從的[字]是不同的,第一,[坐]上上部兩個各只有一枝,向下貫穿寫作[字],而垂字兩側各有兩枝,互不相連寫作[字];第二,[坐]字上部爲卜,是一橫附在一豎上,而垂字卻是[字],是一豎的上部向下彎;第三,[坐]字的一豎並不向下穿透,而[字]字無一例外地都要延伸下來。〔註167〕

值得注意的是鄭剛先生又進一步將「[屮]」釋爲「來」,此一意見相當正確,則銘文隸定爲「陸」讀「陵」,與上字連讀爲「襄陵」。

〔2〕銘文作[字],諸家考釋有「歲」、「載」二說,按,許學仁師云:

> [字]爲歲之異構,金文歲字多從戈從戌,而不從戉,如:[字]曶鼎、[字]國差𦉢、[字]陳猷釜、[字]子禾子釜、[字]爲人甫盤,甲骨歲字則多數作[字],偶有作[字]形者,與小篆及金文歲字最近,其另有別體作[字],金祥恆氏據卜辭文例,疑爲「夕歲」之合文。今觀繒書、鄂君啓節[字]字,知[字]亦歲字,非夕歲之合文,蓋積月成歲也。〔註168〕

古文字「歲」字作下述等形:

3.22.1 楚系「歲」字字形表

字形	[字]	[字]	[字]	[字]	[字]
出處	《甲》3915	《明》2235	《利簋》	《毛公厝鼎》	《包山》4
分域	甲骨		金文		楚系

字形	[字]	[字]	[字]
出處	《國差𦉢》,《集成》卷十六,器號 10361	《古璽彙編》4426	《古璽彙編》4427
分域	齊系	三晉系	

〔註167〕鄭剛:〈戰國文字中的 "陵" 和 "李"〉,《中國古文字學研究會成立十周年學術研討會論文》,1988 年 8 月,頁 1。

〔註168〕許學仁師:〈楚文字考釋〉,《中國文字》新七期(San Francisco:美國藝文印書館,1983 年 4 月),頁 113。

戰國文字各系的寫法顯然保留了如甲骨「戈」、「止」的主要構形部件，但值得注意的是楚系的寫法增加了「月」的部件，且在楚文字相關材料中此一構形的寫法極爲常見，知可釋爲「歲」爲確。

銘文「大司馬卲（昭）鄗（陽）敗晉帀（師）於襄陵之戠（歲）」反映了楚人以大事紀年的記歲用法，在《包山》、《望山》、《新蔡》等楚簡材料中都能夠見到此一記事的形式〔註169〕，在記事形式上則有不同程度的簡省〔註170〕。與《鄂君啓節》同樣大事的紀年見於《包山》103 簡，是用重要戰爭做爲大事紀年，諸家考證皆認爲是《史記・楚世家》所記楚懷王六年（公元 323 年）「楚使柱國昭陽將兵而攻魏，破之于襄陵，得八邑」之戰事，確是。

〔3〕銘文作 ，「夏」常見於戰國文字，楚文字即有多形：

3.22.2 楚系「夏」字字形表

字形				
出處	《郭店・性自命出》25	《新蔡》甲 1.16	《上博（二）・容成氏》22	《包山》200

字形			
出處	《郭店・成之聞之》38	《郭店・唐虞之道》13	《上博（二）・民之父母》5.9

考上表，字形當以右旁從「頁」左旁從「日」爲標準形，另又有加上「止」、「正」、「女」「虫」等偏旁的寫法，值得注意的是《郭店・唐虞之道》13、《上博（二）・民之父母》5.9 的寫法將「頁」旁簡省，而《上博（二）民之父母》5.9 又將「虫」旁寫成「它」。

銘文 ，隸定爲「尿」，與上字連讀「夏尿」，爲楚地之月名。據《睡虎地秦簡・日書》可繪製出的〈秦楚月名對照表〉中「二月楚夏尿」，秦曆建亥，楚曆建寅，兩者間的月分相差三個月，則秦曆所載的「二月」，就是楚曆的五月，則「夏尿之月」爲楚之五月〔註171〕。

〔註169〕如《包山》簡 12：「東周之客鄎涅至胙於藏郢之歲」；《望山》簡 5：「郙客困芻問王於藏郢之歲」、《新蔡》甲三簡 20：「齊客陳異致福於王之歲」。

〔註170〕可參吳良寶：《戰國楚簡地名輯證》（武漢：武漢大學出版社，2009 年 3 月），頁 15。

〔註171〕可參曾憲通：〈楚月名新探——兼論昭固墓竹簡的年代問題〉《古文字研究》第五輯，1981 年 1 月，中華書局），頁 303～304。

〔4〕銘文作 ⿰ ，隸定爲「尻」，學者釋讀有「居」、「處」二說，《說文》「尻」：「處也。從尸得几而止。《孝經》曰：『仲尼尻』尻，謂閒居如此。」；《說文》「処」：「止也。得几而止，从夊从几。⿰，處或從虍聲。」〔註172〕《說文》將「尻」釋爲「處」，但又舉《孝經》：「仲尼尻」一語，將「尻」讀爲「居」。按，「尻」、「居」、「處」三字間於字形上有別，如「尻」作 ⿰ （《包山》3）；「居」作 ⿰ （《包山》32）；「処」作 ⿰ （《牆盤》），就字形分析上，「尻」爲會意；「居」、「処」爲形聲。而在字義用法分析上，《鄂君啓節》中有「王尻於藏郢之遊宮」及地名「居鄢」；《包山》簡32：「⿰ ⿰名族」，「尻」、「居」二字分寫，故有學者認爲「尻」、「居」二字分用有別。按，「尻」、「居」、「処」、「處」四字之關係，季旭昇師認爲：

> 「尻」應該是「處」的省體，但是它可能有兩個讀音，一是「九魚切」，與「居」同源，音義俱近，因此文獻往往混用無別。……但是「尻」也可以讀「處」。《包山》簡238「囚左尹𧊒踐還尻。」一般讀「尻」爲「處」，字做「⿰」。……如果從文字形體發展來看，我們似乎可以推測「處」字既然從「虍」聲，那麼它的早期讀音應該近於「尻（居）」……後期「處」字漸漸轉向舌頭，讀成穿紐，因此讀成「昌與切」。而從「處」簡化的「尻」因此也保留了「居」和「處」兩種讀法；而另一簡體「処」因爲產生得較晚，所以只有「昌與切」一個讀音。〔註173〕

季師又云：

> 「居」有兩個意義，一是蹲踞義，《說文・卷八・尸部》：「居，蹲也。」這個字在《郭店・唐虞之道》簡16中作「㝝」：「舜㝝於艸茅之中而不慐（憂），弓（躬）爲天子而不喬（驕）。」一是「居住」義，此義與「尻」應爲同源字。
>
> 「処」爲「處」字的省體，應無可疑。《說文》「尻」、「処」異字，又以「處」爲「処」的或體，不可從。〔註174〕

則《鄂君啓節》銘文中的「尻」字應讀爲「居」，指楚王居住於藏郢的遊宮。

〔註172〕〔東漢〕許愼著、〔清〕段玉裁注：《新添古音說文解字注》（臺北：洪葉文化事業有限公司，2005年10月），頁723。
〔註173〕季師旭昇：《說文新證》（下冊）（臺北：藝文印書館，2008年3月），頁250。
〔註174〕季師旭昇：《說文新證》（下冊）（臺北：藝文印書館，2008年3月），頁250〜251。

　　〔5〕銘文「䣄」字形作▢，舊說有「茂」、「菝」、「栽」、「葴」、「䣄」諸說，釋爲「茂」字形下部與「戊」作▢（《包山》2.31）相較相差甚遠，故不可從。銘文字形考釋的主要關鍵在於字形下部左上▢，目前學者考釋的方向主要有二：一爲連同「戈」旁釋爲「𢦏」，字形和楚系「載」字作▢（《曾侯乙》37）、▢（《上博（一）・孔子詩論》20）有異，但《包山》273 簡有「載」字作▢，▢應是「𢦏」旁的一種簡省變體；二爲將字形下部左旁▢，釋爲「朮」，何琳儀、黃錫全二位先生都提出不少例證，可參之。筆者認爲綜觀諸家考釋，都想要對於楚文字中幾個從戈旁，形體相近的字提出整體的釋讀，若先不從各相近字形間的演變關係來看，▢釋爲「𢦏」的疑慮是，字形左上楚文字幾作▢形，與▢不類，但值得注意的是《包山》273 簡「載」字作▢、▢與▢同形，爲釋「𢦏」得到依據。而釋爲「朮」則是以秦簡「叔」作▢、「朮」古璽文作▢、▢、▢、▢、▢，與▢形體相近，故將銘文釋爲「䣄」。但將▢釋爲「朮」在字形上仍有無法全然安心的地方，考察何琳儀、黃錫全先生提出的「朮」旁例證，字形下部的兩畫撇筆並沒有簡省的例子，銘文▢或可解釋爲簡省的例子，但從「朮」旁構形的慣例來看，還是有值得考慮的地方。筆者認爲字形可釋爲「䣄」，至於「䣄郢」之地望，有依音讀通轉，定爲紀南城之說，筆者認爲其地望存疑待考。

　　銘文「王尻（居）於䣄郢之遊宮」言楚王在䣄郢的遊宮，遊宮當是楚王居於郢都之外的其他居所，其地望仍有待考證。金節先以大事紀年，再載明楚王身處的狀況，下文便是大攻（工）尹等職官受楚王之命，而爲鄂君啓鑄造金節，足見楚人鑄物記事之詳。

　　〔6〕銘文「大攻尹」可讀爲「大工尹」亦即「工尹」，「工尹」爲楚之職官，其記載如《左傳・宣公十二年》：「晉師右移，上軍未動。工尹齊將右拒卒以逐下軍。」；《左傳・昭公十二年》：「工尹路請曰：『君王命剝圭以爲鏚柲，敢請命。』王入視之。」〔註175〕從《左傳》的記載來看，工尹不止專職工官，亦爲帶兵出征之將領。

　　〔7〕「𥿇」銘文作▢，綜合諸家所述，「𥿇」字釋讀可分爲三路，一是依《汗簡》和《古文四聲韻》所引之《古尚書》釋爲「織」字，「織尹」則爲設

〔註175〕楊伯峻編著：《春秋左傳注（修訂本）》（北京：中華書局，2000 年 7 月），頁739；頁 1340。

計繪圖之官（于省吾先生之說）；一是認爲從竹從「咸」，釋爲「箴」，但「箴尹」之職爲何未明說（商承祚先生之說）；一是釋爲「緘」，以「緘尹」爲諫臣（羅運環先生之說）。羅運環先生對于、商兩位先生的說法提出討論，認爲引《汗簡》和《古文四聲韻》考釋，「釋織雖有些證據，但仍然不能消除人們的疑惑。」按，對比《古文四聲韻》所引《古尙書》的「![織]」〔註 176〕（織），僅左上與「![字]」字寫法有所不同，若直接依《古文四聲韻》將「![字]」釋爲「織」，是最爲直接的釋讀。許學仁師言「![字]」應即織字，此字「![部件]」之寫法與《魚鼎匕》之哉作「![部件]」形近。漢有「織室」，奉宗廟衣服（見《漢書・五行志》師古注：「織室，織作之室」），並認爲織尹掌衣服織作，集尹主膳食烹調，皆冶鑄金節相關之有司。許師對「![字]」釋爲「織」提出補證，理皆可從〔註 177〕。但若「![字]」與「![織]」非爲同字，其他的釋讀方向與討論空間爲何？筆者認爲或可將「![織]」理解爲從「糸」從「戠」省。

羅運環先生舉《包山》楚簡多見的「![戠]」字（《包山》2.18）爲證，言「楚人職、織、戠不寫作緘」。《包山》楚簡集箸類簡中的「戠」字，以上述《包山》2.18 的寫法爲最多數，其文例爲「〔人名〕戠之」，可能是指主理訴訟等事務的人〔註 178〕。

楚帛書有「![職]」字讀爲「職」（摹本作![職] 〔註 179〕），上下文例爲「不尋（得）元（其）曑（參）![職]（職）」，「參職」一詞諸家解釋多歧〔註 180〕，劉信芳先

〔註 176〕《新集古文四聲韻》〔中國國家圖書館藏宋刻本〕，北京：北京圖書館出版社，2003 年 7 月第一版第一刷，平聲頁 26。

〔註 177〕許學仁師：《先秦楚文字研究》（台北：國立臺灣師範大學國文研究所碩士論文，1979 年），頁 142。

〔註 178〕「戠也許是後世『職』字。《爾雅・釋詁》：『職，主也。』戠者即主理其事（訴訟或其他）的人。從前引簡 141-142 的記載看，由於上面還有左尹及其屬員，這種主理實爲具體操辦。其工作可能包括記錄。」見陳偉主編：《楚地出土戰國簡冊〔十四種〕》（北京：經濟科學出版社，2009 年 9 月第一版第一刷），頁 15，註解 18。

〔註 179〕筆者於陳嘉凌：《《楚帛書》文字析議》（國立台灣師範大學國文研究所博士論文，2009 年 6 月），頁 229 之摹本進行調整。

〔註 180〕饒宗頤先生說：「參謂驗也……毛傳：職，主也，此句謂不見其驗，主天降雨」見饒宗頤、曾憲通：《楚地出土文獻三種研究》（北京：中華書局，1993 年），頁 256；李零先生說：「參，參驗、參稽；職，天職，即天運所至，謂參驗天道。」（李零：《長沙子彈庫戰國楚帛書研究》，北京：中華書局，1985 年），頁 55。上述兩家皆將「參」字釋爲「參驗」，筆者認爲「不得其參職」之義

生：「司曆之官失其職守，致使違曆而失禮于天。《史記·天官書》：「禮失，罰出熒惑。」〔註181〕可參。

而「職」字又可見於《曾姬無卹壺》作 ![字形]，左下從「首」，《金文編》：「從首猶職之或從首作馘也。」〔註182〕《鄝王職劍》則作 ![字形]。

綜上文所述，「![字]」字應非爲「織」字。而《曾侯乙》楚簡中有三字及文例如下：

字　形	摹　本	辭　　例〔註183〕	出　　處
![字形]	![字形]〔註184〕	一尹![字]之騮爲右驂	《曾侯乙》157
![字形]	![字形]〔註185〕	一尹![字]之兩騮爲驌	《曾侯乙》171
![字形]	![字形]〔註186〕	一尹![字]一馬	《曾侯乙》211

原整理者於簡文註釋，認爲上述三字與鄂君啓節 ![字] 爲同一字，並認爲商承祚先生釋爲「箴」之說可從〔註187〕。按，![字] 與 ![字] 字應爲同字無疑，《曾侯乙》楚簡將「仐」旁寫在中上而非左上。從《曾侯乙》楚簡的文例來看，![字] 尹也是職官名。

而《包山》楚簡有 ![字] 字（《包山》2.157），原整理者隸定爲從「宀」從「戠」，並無說解〔註188〕。但看《包山》楚簡 ![字] 字上下的文例：

應爲未完成其職分，故採劉信芳先生之說。
〔註181〕劉信芳：《子彈庫楚墓出土文獻研究》（台北：藝文印書館，2002 年），頁 63。
〔註182〕容庚：《金文編》（北京：中華書局，1985 年 7 月第一版第一刷），頁 772。
〔註183〕上述釋文參陳偉主編：《楚地出土戰國簡冊〔十四種〕》（北京：經濟科學出版社，2009 年 9 月第一版第一刷），頁 364；372。
〔註184〕筆者於張光裕、黃錫全、滕壬生主編：《曾侯乙墓文字編》（台北：藝文印書館，1997 年 1 月），頁 57 之摹本爲進行調整。
〔註185〕筆者於張光裕、黃錫全、滕壬生主編：《曾侯乙墓文字編》（台北：藝文印書館，1997 年 1 月），頁 57 之摹本進行調整。
〔註186〕筆者於張光裕、黃錫全、滕壬生主編：《曾侯乙墓文字編》（台北：藝文印書館，1997 年 1 月），頁 57 之摹本進行調整。
〔註187〕湖北省博物館主編：《曾侯乙墓（上）》〈曾侯乙墓竹簡釋文與考釋〉（，北京：文物出版社，1989 年 7 月），頁 526，註釋 224。
〔註188〕原整理者認爲是戠字異體。見荊沙鐵路考古隊主編：《包山楚墓》（上）〈包山二號楚墓簡牘釋文與考釋〉（北京：文物出版社，1991 年 10 月），頁 361 簡

鄔官命少宰尹鄔言義（察）𦣻（問）大梁之戠（職）舊之客苛坦。苛
坦言胃（謂）：鄔攻尹屈惕命解舟𦥑、舟𣪠、司舟、舟斨、車轈坴斨、
宰中之斨、古斨、窆等駟倌、等倌之舊貣解。〔註189〕（《包山》2.157）
上舉簡文應為「一些案件的案情與審理情況的詳細記錄，以及呈送給左尹的
狀況匯報」〔註190〕從文例上來看，舟𣪠應該是個與管理舟船有關的官名。

　　上文筆者對諸家之說提出討論，但「𣪠」字究竟應釋為何？商承祚先生
與羅運環先生都注意到了《毛公鼎》的緘字作𣪠，《郜公匜》誡的字作𧭈兩
條材料（商承祚先生引《郜公鼎》，但字例為同一字，可參上文集釋），羅運
環先生認為「《毛公鼎》緘字作𣪠，《郜公匜》誡字作𧭈，節銘的緘字當由此
演變而來。」容庚先生在《金文編》中將「𣪠」與「𣪠」、「𧭈」分立為三個
不同的字頭〔註191〕，可見亦不將字形最為接近的「𣪠」、「𣪠」釋為同字。若
從上述討論過的各家說法看來，將「𣪠」隸定為「緘」，讀為「箴」、「鍼」，
而與《左傳》中的「箴尹」、「鍼尹」相符，於史有徵，是最為通順的解釋。
杜預注「箴尹，官名。」《呂氏春秋‧勿躬》高誘注說：「楚有箴尹之宮，諫
臣也。」但對比上引《包山》楚簡的文例，「舟𣪠」如釋為「舟箴」，與諫臣
之職能否相符，還需進一步證明。

　　〔8〕「𧵣」字形作，字形從「貝」「就」聲，其字從表意偏旁「貝」從
「就」，考察學者諸說，李零先生之說讀為「僦」，認為是運費所值〔註192〕，
以文字釋義上來說是合適的，周鳳五、林素清先生認為當隸定作「賵」，讀作
「傭」，意謂等值交換〔註193〕，此說和李零先生之說雖然在文字隸定、讀法上
有所不同，但同樣將釋義導向金節與金錢費用價值的關係上，因金節銘文簡
略，「𧵣」字的釋讀不易，於楚系文字又僅此一見，就目前看來，李零先生之

序 157。筆者從之。

〔註189〕本簡釋文參陳偉主編：《楚地出土戰國簡冊〔十四種〕》（北京：經濟科學出版
　　　　社，2009 年 9 月第一版第一刷），頁 57。
〔註190〕湖北省荊沙鐵路考古隊：《包山楚簡》（上）（北京：文物出版社，1991 年 10
　　　　月），頁 10。
〔註191〕容庚：《金文編》（北京：中華書局，1985 年 7 月第一版第一刷），頁 871、862、
　　　　143。
〔註192〕李零：〈古文字雜識（兩篇）〉，《于省吾教授誕辰 100 週年紀念文集》（長春：
　　　　吉林大學出版社，1996 年 9 月），頁 273。
〔註193〕周鳳五、林素清《鄂君啟節研究》，【行政院國家科學委員會專題研究計畫成
　　　　果報告】NSC87-241-H-002-045，1998 年 10 月 30 日，頁 3。

說是較爲可信的。王輝先生認爲「䁹」字應是䁹（造）字之異體。䁹字見宋公秦戈、宋公得戈、不易戈，從貝，告聲。古文字就、戚、告聲字音近通用，並多舉典籍「就」、「造」異文之例，證「就」、「造」二字音讀密切可從。並舉《後漢書・劉陶傳》中的「造鑄」之語爲例〔註194〕。但筆者認爲其文獻時代稍晚，「鑄」、「造」單字於銅器、先秦文獻中不乏其例，而「鑄造」、「造鑄」二字連讀之例於文獻是否爲習見，尚需要更多文獻材料證明。

〔9〕銘文「大攻（工）尹脽台（以）王命﹦（命，命）棄（集）尹恧糈、戠尹逆、戠敓（令）阹，爲鄱（鄂）君啓之賓（府）賸（就）盟（鑄）金節」敘述了《鄂君啓節》鑄造的職官歸屬，及鑄造授與的對象，大工尹承受王命，命令集尹、戠尹、戠令爲鄂君啓鑄造金節。從此段銘文所述也可得知，楚國當時對於政府發給符節信憑物有一套嚴格的分工層級及工官的責任歸屬。其中「戠尹」、「戠令」，目前將「戠」釋爲「緘」是比較通順的解釋，但「戠尹」、「戠令」的詳細工作內容，還有待考證。

〔10〕銘文作🔣，構形從「羽」從「能」，諸家多以從「羽」「能」聲釋之，並有讀爲「一」、「盈」、「代」等說。《郭店》楚簡的「䎷」字，讀爲「一」的文例甚多，如《郭店・太一生水》7有「🔣块（缺）🔣涅（盈）」之語，整理者讀🔣爲「一」〔註195〕，《郭店・五行》16「娽（淑）人君子，其義（儀）🔣也」一語，整理者對比《詩經・曹風・鳲鳩》：「淑人君子，其儀一兮」認爲「🔣」也應讀爲「一」〔註196〕。而《新蔡葛陵》楚簡、《包山》楚簡祭禱簡中的「䎷」字用於祭禱語前，其文例如：「『䎷』禱」，可讀爲「一禱」，是一種祭禱方式，具體的內涵待考〔註197〕。「䎷」字從「羽」從「能」聲，考察古音，一：影紐質部；能：泥紐之部，韻部陰入對轉，可通讀〔註198〕。如此，若將

〔註194〕王輝：〈釋䁹、䁹〉，《古文字研究》第二十二輯（北京：中華書局，2000年7月），頁148。
〔註195〕荊門市博物館編：《郭店楚墓竹簡》（北京：文物出版社，1998年5月），頁126，註解11。整理者並言：「鄂君啓節有『歲䎷返』，亦當讀作「歲一返」，意即年內往返一次。」
〔註196〕荊門市博物館編：《郭店楚墓竹簡》（北京：文物出版社，1998年5月），頁152，註解17。
〔註197〕可參陳偉主編：《楚地出土戰國簡冊〔十四種〕》（北京：經濟科學出版社，2009年9月第一版第一刷），頁100。
〔註198〕韻部依郭錫良：《漢字古音手冊》（北京：北京大學出版社，1986年11月），頁63、269。關於先秦兩漢文獻中之質通假的例子，質部爲脂部之入聲，之

鄂君啓節「戠（歲）鼺返」讀爲「歲一返」爲是。

　　將銘文「戠（歲）鼺返」讀爲「歲一返」，「鼺」應讀爲「一」，意指「船隊或車隊達到規定的數量後，一年返回一次」，值得注意的是劉和惠先生認爲「歲贏返」一語的主語是「金節」，滿一年需要返節一次〔註199〕。劉先生的說法甚有道理，可參之。但筆者認爲「歲一返」應以其上文的運輸單位及數量爲主語，規定運輸單位及數量的時效爲一年。

　　而銘文「車五十乘，戠（歲）鼺（一）返」，記載了鄂君啓在陸地運輸上的數量及時間規定，運輸以「乘」爲單位，五十乘應是運輸總數的限定，諸家考釋的意見大致相同。而「戠（歲）鼺（一）返」在理解上就有所歧異，一是「戠（歲）鼺（一）返」所指稱的對象爲何？是對「金節」本身的規定，一年要返節一次；或是對運輸商旅整體的規定，二是「戠（歲）鼺（一）返」的目的爲何？若指金節本身，則返節是否有回收替換的作用，對金節上的地望與運輸規定做出改變；若指運輸商旅，一年返回一次的形式爲何？是運輸的時程以一年爲限，或是整個運輸商旅行走的線路可達一年，這都是就銘文的釋讀來看，幾個可能的理解方向。筆者認爲「戠（歲）鼺（一）返」的主語應指「車五十乘」，而進一步來說，「車五十乘」爲何要「戠（歲）鼺（一）返」，不論是《舟節》或《車節》在運輸上由鄂市出發，運行在銘文所載明的各個地望之間，不一定要依地望的遠近依序前進，就地望的距離而言，從鄂市出發並非都需要一年的運行時程才能到達，因此「車五十乘，戠（歲）鼺（一）返」應非運輸的商旅一年要返回一次。筆者在此提出一點猜想，認爲「戠（歲）鼺（一）返」應有在一年內滿足運輸限額後，返回郢都覆命的意思，即達到了當年度的貿易運輸上限後，要返回向中央覆命。

　　〔11〕銘文🐾，諸家釋爲「黽」，對比古文字中的「黽」字，《說文》籀文作🐾，金文作🐾（《師同鼎》）或「鼄」字作🐾（《邾公華鐘》），所從「黽」作🐾，可龜知銘文釋「黽」爲確。于省吾先生認爲「黽應讀作簪，以聲求之，黽與簪同屬明紐。以韻求之，簪字的古讀屢有轉變，以"黽勉"謰語也作忞

　　　脂通讀的例子如張家山漢簡《引書》：「縈足指，上搖之，更上更下三十，曰縈童。」指，照紐脂部，應讀爲「趾」，照紐之部，見王輝：《古文字通假釋例》（台北：藝文印書館，1993 年 4 月），頁 26。亦可參李存智：《郭店與上博楚簡諸篇陰聲韻部通假關係試探》（《台大中文學報》第二十九期，2008 年 12 月，頁 80～83）文中所舉《詩經》、兩漢民歌中之質、之脂通讀之例甚多。
〔註199〕劉和惠：〈鄂君啓節新探〉，《考古與文物》1982 年第五期，頁 62。

慎、歂勉、閔勉證之則入諄部，簷屬脂部，脂與諄陰陽對轉。」〔註200〕馮勝
君先生舉戰國楚文字中「黽」常用作「龜」之例，如新蔡楚簡甲三 15、零 207
簡中有「元黽」，應即「元龜」，習見於典籍，如《尚書・金滕》：「今我即命
於元龜」。並認爲銘文中「黽箭」應斷讀爲二物，而「黽」，明紐陽部、「簷」，
明紐脂部，聲紐雖同，但韻部差遠，恐難通假。則銘文中「黽」應用作「龜」，
《儀禮・覲禮》有「虎豹之皮」、「龜」、「金」、「箭」等諸侯朝見天子之物，
則「金革黽箭」即「金革龜箭」，爲諸侯朝見天子時必備之貢品〔註201〕。筆者
從馮勝君先生之說，「金革黽箭」爲朝見天子必備之物，故不得隨意運輸之。

　　銘文「母（毋）載金、革、黽、箭」，殷滌非、羅長銘；于省吾；陳偉諸家
皆以軍事物資故不得載運思考，對比《鄂君啓舟節》，水路運輸則沒有同樣的限
制，故殷、羅；于兩家以防止運輸貿易前往東方或北方資敵考慮之，陳偉先生
說：「陸路接近楚越邊界的程度，並不過於水路。然則陸路對軍需品的限制，當
與進出口無關。考慮到水路偏重于江湘地區，而陸路主要集中于淮河一線，車、
舟二節對軍品的禁運與否，應與通行地域的不同相關。」又：「而車行區域，乃
是這些物資的銷地，可能由於事關國防，贏利豐厚，故不准私人販運—當然更
談不上免稅，而概由官方經營。」但若以「金革黽箭」非軍事物資而爲朝見天
子必備之物，故不得隨意運輸來思考，而其限制爲何僅於陸路運輸？對比上文
對限制軍事運輸的討論，筆者認爲陸運所經的區域亦有不只爲「物資的銷地」
的可能，也有可能類涉及物資的出產地，因此國家需要加以管制。

　　〔12〕「偬」，銘文作 ，字形左從「人」右從「惠」隸定爲「偬」，郭沫
若先生讀爲「特」，即「犆」〔註202〕。按，「偬」從「惠」得聲，「惠」端母職
部；「特」定母職部，韻部相同〔註203〕。郭沫若先生認爲指「牡馬」，可從之。

　　〔13〕「屯」字就銘文文意來看，郭沫若先生釋爲「集」可從〔註204〕，《廣
雅・釋詁三》：「屯，聚也。」〔註205〕則「屯」有聚集之意。但來看楚簡當中

〔註200〕于省吾：〈鄂君啓節考釋〉，《考古》1963 年第八期，頁 445。
〔註201〕馮勝君：〈戰國楚文字「黽」字用作「龜」字補議〉（中國文字學會、河北大
　　　　學漢字研究中心編：《漢字研究（第一輯）》，2005 年 6 月，頁 477～478）。
〔註202〕郭沫若：〈關於“鄂君啓節”的研究〉，《文物參考資料》1958 年第四期（總
　　　　第九十二期），頁 5。
〔註203〕郭錫良：《漢字古音手冊》（北京：北京大學出版社，1986 年 11 月），頁 22。
〔註204〕郭沫若：〈關於“鄂君啓節”的研究〉，《文物參考資料》1958 年第四期（總
　　　　第九十二期），頁 4。
〔註205〕中華書局編輯部：《小學名著六種・廣雅疏證》卷第三下（北京：中華書局，

的例子，「屯」字又可見於《信陽‧遺策》，如簡 1：「二𨜓（圓）監（鑑），屯青黃之劃」、簡 12：「十□垪（瓶），屯又（有）盍（蓋）」等簡，朱德熙先生認為楚簡及典籍中「屯」有「皆」義，甚確，也認為《鄂君啟節》中的「屯」也該讀「皆」〔註206〕。但筆者認為就銘文文意，仍以釋「集」較勝。

〔14〕「𡩆」，銘文作𡩆，上從「尚」下從「立」，隸定為「𡩆」。此字當即「堂」字，小篆作堂《說文》古文堂作𡒄，許學仁師言節文從「土」作𡓤，與立字相混，乃戰國文字之變體〔註207〕，甚確，於銘文讀為「當」。

銘文「女（如）馬、女（如）牛、如德（特），屯十台（以）𡩆（當）一車」，記載了對牲畜在運輸數量上的規定，以十隻為單位，等於一車的運輸量。從此也可以看出楚國當時特別對於牲畜的運輸作規定，大概是因為牲畜具有經濟及食用的重要價值，所以要對此一類型的物資做出規範。

〔15〕銘文作𣝕，左從「木」，右旁應以從「八」從「言」為是，隸定為「𣝕」。于省吾、張振林先生二家皆將銘文釋為「檐」，甚確〔註208〕。如于省吾先生言：

> "𧮫"為"從八言聲"的形聲字，孳乳為"詹"為"𧪞"，檐即"櫓"和"儋"的初文，今作"擔"或"担"，這就尋出了"𧮫"和從"𧮫"的字的演化規律。

則「𣝕」即「檐」，亦即「擔」字。

〔16〕銘文「女（如）馬、女（如）牛、如德（特），屯十台（以）𡩆（當）一車；女（如）𣝕（檐）徒，屯廿＝（二十）𣝕（檐）台（以）𡩆（當）一車，台（以）毀於五十乘之中」是對於運輸數量、單位的換算規定，如馬、牛等牲畜以十為單位等同一車的載量；如檐徒一類的勞動人力，則以二十人為單位，等同一車的載量。由此可以看出，楚國對鄂君啟的整體運輸載量有詳細的規定，有經濟實用價值的馬、牛等牲畜和勞動人力，自不能外於五十乘的運輸總數規定。

1998 年 11 月），頁 64。

〔註206〕詳細的考釋參朱德熙：〈說「屯（純）」、鎮、衛〉，《中國語文》1988 年第三期，收入《朱德熙文集》第五卷（北京：商務印書館，1999 年 9 月），頁 173～175。

〔註207〕許學仁師：《先秦楚文字研究》，台北：國立臺灣師範大學國文研究所碩士論文，1979 年 6 月，頁 100。

〔註208〕于省吾：〈鄂君啟節考釋〉，《考古》1963 年第八期，頁 446；張振林：〈"檐徒"與"一檐飤之"新詮〉，《文物》1963 年第三期，頁 49。

〔17〕「市」，銘文作 ，字形從「止」從「土」，舊釋爲「往」，但正如裘錫圭先生所指出，字形與《舟節》字右旁「生」的寫法有所差異，對比銘文應爲「市」字〔註209〕。對比古文字中「市」字的寫法：

3.22.3「市」字字形表

字形						
出處	《包山》95	《包山》191	《古璽彙編》152	《陶文圖錄》2.27.1	《古璽彙編》2868	《貨幣大系》48
分域	楚系		齊系		三晉系	

字形		
出處	《古璽彙編》354	《古璽彙編》361
分域	燕系	

則銘文應釋爲「市」無疑。

關於「鄂市」之鄂的地望，學者有東鄂、西鄂兩地之說，東鄂地望之說從今湖北省武昌、鄂城縣至於大冶縣一帶，早期學者多支持「鄂」即爲「東鄂」；西鄂則在今河南省南陽市，最早由日本學者船越昭生提出〔註210〕，經陳偉先生將《舟節》「逾油」之油水即是淯水，即今之白河，流經湖北省南陽、新野一帶〔註211〕，則《鄂君啓節》銘文之「鄂」，當是西鄂，在今河南省南陽一帶。

〔18〕臺，銘文作 ，早期學者釋爲「庚」，如郭沫若、于省吾諸位先生都以此釋讀。但隨著楚系文字資料的多出，庚字多見於記歲次，寫法作 （《包山》2.7）、（《曾侯乙》1正）、（《包山》2.220），頭部的寫法與「」字明顯不同，朱德熙、李家浩先生早已以《望山》、《天星觀》楚簡指出兩字之異〔註212〕，王輝先生亦舉 （《史父庚鼎》）、（《兮甲盤》）等字例說明釋

〔註209〕裘錫圭：〈戰國文字中的市〉，《考古學報》1980年第三期，頁292～294。

〔註210〕〔日〕船越昭生：〈鄂君啓節について（關於鄂君啓節）〉，《東方學報》第四十三冊，京都大學人文社會科學院，1972年，頁73～75。

〔註211〕魏嵩山主編：《中國歷史地名大辭典》（廣東：廣東教育出版社，1995年5月），頁298。

〔註212〕朱德熙、李家浩：〈鄂君啓節考釋（八篇）〉，《紀念陳寅恪先生誕辰百年學術論文集》，1989年12月，頁61。

爲「庚」不可信〔註213〕。對於朱德熙、李家浩先生的說法，王輝先生也提出帝字 ᚎ（《仲師父鼎》）、ᚎ（《中山王䇮壺》）的寫法提出辯駁〔註214〕。因此釋爲「庚」或「帝」於字形不符，缺乏有力證據。而《郭店・五行》中有「ᚎ」字，簡文的上下文爲：

　　　兑（悦）則一，一則新（親），新（親）則ᚎ（愛）（13）

《郭店楚墓竹簡》釋文隸定爲ᚎ，註釋中說：「於句中讀作戚」〔註215〕。而《馬王堆帛書・五行》188 行有文例作：

　　　不ᚎ不説（悦），不説（悦）不戚，不戚不親，不親不愛。〔註216〕

對比《郭店・五行》與《馬王堆帛書・五行》兩種材料異文的例子，可知「ᚎ」字可讀爲「戚」。

　　朱德熙先生認爲古文字中的「就」上從「亯」，下從「京」，以甲骨及金文的字形驗之，尤其明顯。〔註217〕「亯」甲骨作 ᚎ（《粹》一三一五），金文作 ᚎ（《盂鼎》）等形；「京」甲骨作 ᚎ（《綴》2.111），金文作 ᚎ（《䚡羌鐘》）。朱德熙先生所說殆無疑義，何琳儀先生對「ᚎ」的結構分析爲：「戰國文字亯旁與京旁借用筆畫，ᚎ 可分解爲 ᚎ、ᚎ 兩部分。」〔註218〕則銘文應釋爲「就」。值得注意的是，周鳳五、林素清先生從音韻通讀的角度入手，認爲「ᚎ」應讀爲「庸」聲，銘文中讀作「通」，可說爲「ᚎ」字的釋讀另闢新徑，提供研究者另一個思考空間，但就字形的分析和語意的通讀上，兩位先生之

〔註213〕王輝：〈釋ᚎ、ᚎ〉，《古文字研究》第二十二輯（北京：中華書局，2000 年 7 月），頁 146。

〔註214〕王輝：〈釋ᚎ、ᚎ〉，《古文字研究》第二十二輯（北京：中華書局，2000 年 7 月），頁 147。

〔註215〕荊門市博物館主編：《郭店楚墓竹簡》（北京：文物出版社，1998 年 5 月），頁 149 釋文；頁 152 註釋。

〔註216〕國家文物局古代文獻研究室編：《馬王堆漢墓帛書〔壹〕》（北京：文物出版社，1980 年 3 月），頁 18。

〔註217〕朱德熙先生之說筆者從之，但陳秉新先生對於亯字的源流及諸家之說亦作了詳細的考辨，認爲亯非「就」字初文，並認爲「京」與「亯」「是同一個字的不同寫法」。而「京」才是「就」的初文，由「京」分化出「亯」，「亯」是「京」疊加「亯」，以強調祭亯處所之義，「亯」的用法後來消失，「京」則保留了下來。見〈釋亯及相關字詞〉（《于省吾教授百年誕辰紀念文集》，長春：吉林大學出版社，1996 年），頁 239～245。陳秉新先生之說論述頗詳，可備一說。

〔註218〕何琳儀：《戰國古文字典》（北京：中華書局，1998 年 9 月），頁 232。

說，與讀爲「就」、讀爲「戚」，並無妨礙，而是新的理解方向。〔註219〕「就」有「往」、「去」的意思在古書中屢見，如《周易・乾》:「水流濕，火就燥」〔註220〕，則《鄂君啓節》「<img>」字有「往」、「去」之意。

〔19〕「易（陽）垕（丘）」之地望有陽山、河南方城縣等說，但皆無確證，地望存疑待考。

〔20〕邡（方）城地望有郭沫若先生說在湖北竹山縣東南三十里，《左傳・文公》十六年「楚廬戢黎侵庸，及庸方城」，即其地。譚其驤先生說在今方城縣東北方城、葉縣界上的保安鎮；商承祚先生說即左僖四年之楚方城，亦即《水經・潕水注》中苦菜、于東二山之間的方城，故址約當今方城縣東的獨樹鎮；黃盛璋先生認爲《史記・楚世家》「取我重丘而去」，之重丘在方城附近，或者就是本銘之方城之前的陽丘，此方城，後代名方城關〔註221〕。考察諸說，譚說、商說所定地域大致都在苦菜、于東之間的方城，只是今日地望有所不同。劉和惠先生補述譚說，認爲此地爲楚國一個邊陲關隘，爲通往西、北諸國的要道〔註222〕。筆者今從譚說。

〔21〕銘文作<img>，歷來學者考釋有「象」、「兔」二說，而字形考釋之不同也連帶影響地望之考證，試以「象」、「兔」二字古文字相較之:

〔註219〕如周鳳五、林素清先生所說:「郭店楚簡《五行》篇有<img>字，對照馬王堆帛書《五行》，知讀作戚。論者執此以謂鄂君啓節此字亦當讀『就』。按，讀就、讀戚，均無害於此字讀庸。此蓋楚方言與楚文字特有的通假與一字異讀現象。」見《鄂君啓節研究》，【行政院國家科學委員會專題研究計畫成果報告（NSC87-2411-H-002-045）】，1998 年 10 月 30 日，頁 3。
〔註220〕〔魏〕王弼注，〔唐〕孔穎達疏:《周易注疏》（台北:藝文印書館，1979 年），頁 11。
〔註221〕郭沫若:〈關於"鄂君啓節"的研究〉，《文物參考資料》1958 年第四期（總第九十二期），頁 5；譚其驤:〈鄂君啓節銘文釋地〉，《中華文史論叢》第二輯，北京:中華書局，1962 年 11 月，頁 182；商承祚:〈鄂君啓節考〉，《文物精華》第二集，北京:文物出版社，1963 年 4 月，頁 54；黃盛璋:〈關於鄂君啓節地理考證與交通路線的復原問題〉，《中華文史論叢》第五輯，北京:中華書局，1964 年 6 月，頁 157～158。
〔註222〕劉和惠:〈鄂君啓節新探〉，《考古與文物》1982 年第五期，頁 64。

3.22.4「象」字字形表

字形	🐘	🐘	🐘	🐘豫	🐘豫
偏旁				🐘	🐘
出處	《前》3.31.3	《師湯父鼎》	《郭店・老子乙》12	《包山》7	《鼄于公戈》，《集成》卷十七，器號11124
分域	甲骨	金文	楚系		齊系

字形	🐘	🐘
出處	《古璽彙編》1455	《古璽彙編》3273
分域	三晉系	

3.22.5「兔」字字形表

字形	🐇	🐇〔註223〕	🐇兔（豫）	🐇
偏旁			🐇	
出處	《合集》154〔註224〕	《上博（一）・孔子詩論》25	《上博（一）・孔子詩論》25	《古璽彙編》3072
分域	甲骨	楚系		晉系

　　從上兩表比較，戰國文字中的「兔」字較不易見，先從「象」的寫法來看，甲骨、金文都還有相當濃厚的象形意味，由筆畫勾勒出大象的樣貌，對長鼻、大耳特徵的描寫上特別明顯。而戰國文字中，「象」的字形上部，長鼻的特徵依然被保留下來，而字形下部，齊系、晉系的寫法仍勾勒出腳部及身體的輪廓，值得注意的是楚系寫法譌爲「🐘」即「肉」形。而值得注意的是楚系文字中「象」、「兔」二字的寫法極近，釋爲「象」或「兔」，要以實際的上下文例來判斷較確，茲理一表如下：

〔註223〕字形摹本引自滕壬生：《楚系簡帛文字編（增訂本）》（武漢：湖北教育出版社，2008年10月），頁862。

〔註224〕轉引自季師旭昇：《說文新證》（下冊）（臺北：藝文印書館，2008年3月），頁102。

編號	A	B	C
字形			
文例	大方亡禺（隅），大器曼（慢）城（成），大音只聖（聲），天——亡坓（形）	與戔（賤）民——之，（其）甬（用）心也（將）可（何）女（如）	又（有）——不弄（逢）告（時）
出處	《郭店·老子乙》12	《上博（一）·孔子詩論》4	《上博（一）·孔子詩論》25

　　上表編號 A 文例讀爲「象」；B 則隸定爲「餟」讀「豫」；C 讀爲「兔」。細審字形，A、C 兩字的差異在於上部寫法，A 作；C 作

　　曹錦炎先生對此有很好的解說：

> 郭店楚簡《老子》乙篇「大音祇聖，天象亡坓」；《老子》丙篇：「執
> 大象，天下往」，今本分別作「大音希聲，大象無形」；「執大象，天
> 下往」。有今本對應，我們不能說象是「兔」非「象」。象寫作象，
> 粗看確實與「兔」作兔、兔構形似無別，但仔細分析，象首構形的最
> 後一筆往右延伸較長，與楚簡文字中的「爲」字所從的象首寫法一
> 致。而楚簡文字中的「兔」字構形中兔首的最後一筆往往上翹，有
> 明顯的區別。在上博簡、郭店簡中均如是作，包山簡的「冕」字所
> 從兔旁，這一筆雖然略往下彎，但並不延伸下垂。仔細看還是有區
> 別的。〔註225〕

以此來看，銘文應以釋「兔」爲確。則銘文應釋爲「兔禾」，其地望今筆者存
疑未定之。

　　〔22〕銘文「栖焚」，譚其驤先生釋爲「富焚」〔註226〕。黃盛璋先生認
爲：

> "西"字數見楚簡，望山楚墓簡中干支之"西"字皆如此作，故可
> 斷"西"非"富"，古"丣、西"爲一字，《說文》："丣，古文西，
> 從開"，而丣又爲"栁"即"柳"字初文，鄭玄解《尚書》達失云：
> 古大篆丣字讀當爲栁，古栁、丣同字，故西焚即《左傳》宣九年：

〔註225〕曹錦炎：〈楚簡文字中的"兔"及相關諸字〉，謝維揚、朱淵清主編：《新出土
文獻與古代文明研究》（上海：上海大學出版社，2004 年 4 月），頁 113～114。
〔註226〕譚其驤：〈鄂君啓節銘文釋地〉，《中華文史論叢》第二輯，北京：中華書局，
1962 年 11 月，頁 182。

“鄭伯敗楚師于柳棼”，杜注：“柳棼鄭地”，地望、字音與車節之“酉焚”皆合，必爲一地無疑。〔註227〕

按，黃說甚確，姚漢源先生亦讀「柳棼」，惟姚漢源先生其以聲音急讀爲「鄾」之說過於迂曲，不可從〔註228〕。其詳確地望待考。

〔23〕銘文「緐昜」諸家釋爲「繁陽」，地望在今河南省新蔡縣北境一帶，從之。

〔24〕「高丘」之地望學者主要有今安徽臨泉縣南、今安徽宿縣北的符離集附近二說〔註229〕。考察前一說主要據《水經・淮水注》中之高塘陂，認爲高丘地望於附近，李家浩先生指出「“高丘”與“高陂”，跟“高丘”與“高都山”一樣，僅僅是第一個字相同，把它們說成一地，同樣也不可信。」其說甚確。而後一說則爲李家浩先生主之，以《說文》說“筥”“從享、竹聲”入手，認爲「“筥”當讀爲《漢書・地理志》沛郡屬縣的“竹”，“高丘”、“下丘”當在“竹”的附近。也就是說，鄂君啓節銘文等的“高丘”，當在今安徽宿縣北的符離集附近。」〔註230〕按，將「筥」字讀「竹」主要據《說文》「從享、竹聲」，或可備一說，但「高丘」一地之名難以確指，其地望仍待考。

〔25〕「下鄵（蔡）」之地望學者主要據《左傳・哀公二年》:「吳洩庸如蔡納聘，而稍納師，師畢入，眾知之，蔡侯告大夫，殺公子駟以說，哭而遷墓，冬，蔡遷于州來。」〔註231〕而「州來」後則改稱「下蔡」，地望在今安徽省鳳台縣。考察諸家學者之說，商承祚先生認爲下蔡在《水經・穎水注》中的蔡岡，在今安徽阜陽縣西〔註232〕，諸家皆將下蔡定在今安徽省鳳台縣一帶，不出其範圍太遠。則下蔡於今安徽省鳳台縣一帶可從之。

〔26〕「居鄛」郭沫若先生最早釋爲「居巢」，地望在今安徽省巢湖市

〔註227〕黃盛璋：〈鄂君啓節地理問題若干補正〉，《歷史地理論集》，北京：人民出版社，1982年6月，頁287～288。

〔註228〕姚漢源：〈鄂君啓節釋文〉，《古文字研究》第十輯，北京：中華書局，1983年7月，頁201～203。

〔註229〕今安徽臨泉縣南之說有譚其驤：〈鄂君啓節銘文釋地〉，《中華文史論叢》第二輯，北京：中華書局，1962年11月，頁182。

〔註230〕李家浩：〈鄂君啓節銘文中的高丘〉，《古文字研究》第二十二輯，北京：中華書局，2000年7月，頁138～140。

〔註231〕楊伯峻編著：《春秋左傳注（修訂本）》（北京：中華書局，2000年7月），頁1618。

〔註232〕商承祚：〈鄂君啓節考〉，《文物精華》第二集，北京：文物出版社，1963年4月，頁54。

〔註233〕。按，鄩從臬得聲，臬，心母宵部；巢，崇母宵部，音近可通〔註234〕，「居鄩」可讀爲「居巢」。譚其驤先生認同商承祚先生之意見，認爲「居巢」即「鄩」，於今安徽省阜陽縣南；黃盛璋先生認爲在今六安縣東南巢湖北岸〔註235〕。筆者認爲「居鄩」讀「居巢」可信，其地望應在今安徽省巢湖一帶。

　　〔27〕《車節》記述之運輸終點與《舟節》相同都在「郢」，《舟節》所記載的「郢」無疑是指今湖北省江陵，但因爲《車節》記載運輸所經之地是自鄂市大致向北方及東北延伸而後轉下東南之下蔡、居鄩（巢）等地，故有學者認爲《車節》之「郢」在下蔡以南的壽春，才符合《車節》運行的路線。但此一看法，黃盛璋先生提出三點辯駁〔註236〕，周鳳五、林素清二位先生也認爲「楚懷王時並未遷都，壽春無由稱郢，且一名二地，情理不可通，事實不可行」〔註237〕，筆者認爲《車節》與《舟節》之「郢」應同指一地爲確，即今湖北省江陵之郢，于省吾先生的看法甚確。但此一論點尚有一個問題需要思考，即《車節》最後載明所就之「居鄩（巢）」與位於江陵之郢都雖然相隔甚遠，但如運輸行程最末要抵達國都進行貿易，也是情理中之事，正如劉和惠先生所說：「郢是楚的都城，王室和貴族聚集之地，是當時全國最大消費城市之一。根據郢都需求進行貿易，不僅是鄂君啓商業活動之本，恐怕也是楚王恩賜鄂君啓節的目的之一：當然，鄂君啓也可能販運某些物資到另外一些都、邑轉賣，但並不能影響郢都爲貿易的基點。」〔註238〕而由《車節》這樣的運輸路線敘述，也能思考到鄂君啓在運輸地點的運行方式，劉和惠先生提出很好的意見：「節文上所載的許多地點，仍是楚主規定鄂君啓商業活動的範圍、而不是指定鄂君啓每次商業活動都要按著節文上的地名

〔註233〕郭沫若：〈關於“鄂君啓節”的研究〉，《文物參考資料》1958 年第四期（總第九十二期），頁 5。

〔註234〕郭錫良：《漢字古音手冊》（北京：北京大學出版社，1986 年 11 月），頁 155；頁 133。

〔註235〕譚其驤：〈鄂君啓節銘文釋地〉，《中華文史論叢》第二輯，北京：中華書局，1962 年 11 月，頁 185〜187；黃盛璋：〈關於鄂君啓節地理考證與交通路線的復原問題〉，《中華文史論叢》第五輯，北京：中華書局，1964 年 6 月，頁 161〜164，164〜165。

〔註236〕黃盛璋：〈關於鄂君啓節地理考證與交通路線的復原問題〉，《中華文史論叢》第五輯，北京：中華書局，1964 年 6 月，頁 164〜169。

〔註237〕周鳳五、林素清《鄂君啓節研究》，【行政院國家科學委員會專題研究計畫成果報告】NSC87-2411-H-002-045，頁 1〜2。

〔註238〕劉和惠：〈鄂君啓節新探〉，《考古與文物》1982 年第五期，頁 61。

周遊一番。」〔註 239〕在《鄂君啓節》銘文中所列出的地望名稱應是較爲重要的貿易據點,至於在各據點間較小的位置或地望移動,則不予以詳盡記載之。

〔28〕銘文作 ,于省吾先生誤釋爲「夏」,將下部 旁釋爲「夂」形,故釋字爲「夏」〔註240〕。對比古文字中「見」字的寫法:

3.22.6「見」字字形表

字形				
出處	《甲》二八一五	《見尊》	《郭店・五行》10	《侯馬》三:二二
分域	甲骨	金文	楚系	晉系

則銘文當以釋「見」爲是。

〔29〕銘文 ,隸定爲「舍」〔註241〕,于省吾先生言「舍」即「余」字〔註242〕,而將「舍」讀爲「予」,就音理上固然可通,在許多銅器銘文上也能找到許多將「舍」讀爲「予」的文例讀法,如《令鼎》:「余其舍汝臣十家」;《五祀衛鼎》:「余舍汝田五田」〔註243〕。而從古文字材料中實際的文例來看,「舍」可假借從「余」得聲之字讀之,如《郭店・老子甲》10:「竺(孰)能濁以束(靜)者,牂(將)舍清」,「舍」讀爲「徐」〔註244〕;《郭店・老子乙》16簡:「攸之豪(家),其悳(德)有舍」,「舍」讀爲「餘」〔註245〕。但筆者認爲「舍」或可讀爲「餘」,銘文「(毋)母舍(餘)椊(槫)飤(食)」意即「不要有多餘的椊(傳)食」。

〔30〕椊,《車節》銘文作 ;《舟節》銘文作 ,字形左從「木」,右旁

〔註239〕劉和惠:〈鄂君啓節新探〉,《考古與文物》1982 年第五期,頁 61。
〔註240〕于省吾:〈鄂君啓節考釋〉,《考古》1963 年第八期,頁 444。
〔註241〕關於隸定爲「舍」或「余」的討論,可參黃錦前:〈談兩周金文中的"余"和"舍"〉,復旦大學出土文獻與古文字研究中心網站論文,http://www.gwz.fudan.edu.cn/SrcShow.asp?Src_ID=1585,2011 年 7 月 9 日。筆者認爲此將字形隸定爲「舍」爲是。
〔註242〕于省吾:〈鄂君啓節考釋〉,《考古》1963 年第八期,頁 444。
〔註243〕《集成》,卷五,器號 2803;《集成》,卷五,器號 2832。
〔註244〕陳偉主編:《楚地出土戰國簡冊〔十四種〕》(北京:科學經濟出版社,2009 年 9 月),頁 140。
〔註245〕陳偉主編:《楚地出土戰國簡冊〔十四種〕》(北京:科學經濟出版社,2009 年 9 月),頁 152。

上從 ⬚，下從 ⬚，正如朱德熙、李家浩先生所說，舊釋「桴、槑、朝、梓、梼」諸說在字形上都找不到堅強的證據，其釋讀自然不可信。而朱、李二位先生提出銘文應爲「槫」字，右旁釋爲「專（叀）」，與下字連讀爲「傳食」，於典籍文獻有徵，確較舊說合理〔註246〕。按，筆者認爲若從朱、李二位先生之說，於字形上，還有進一步思考的空間，參之朱、李二位先生於文中所提出的四類字形比較，楚系文字中專（叀）旁的寫法以 ⬚ 形最爲常見，本論文《研究編》中所收錄討論的《王命龍節》、《王命虎節》中「⬚」字都從此形，而 ⬚ 、⬚ 兩形，朱、李二位先生並舉出 ⬚（古文字研究 13.349 圖八六）、⬚（陶錄附 17 下）⬚（陶錄附 16 上），對比《鄂君啓節》銘文 ⬚，右旁應爲同字，則 ⬚ 亦釋爲「專（叀）」。若就楚系「專（叀）」旁的寫法來看，⬚ 與常見的 ⬚ 旁寫法有比較大的差異，舊說或將 ⬚ 分爲 ⬚ 、⬚ 二形釋之，但從朱、李二位先生舉出的例子來看，⬚ 應以一體釋之。

　　銘文「見其金節則母（毋）政（征），母（毋）舍（餘）槫（槫）飤（食）。不見其金節則政（征）」說明《鄂君啓節》憑證的作用和效力，如果驗證見到金節則不予以征稅，並且給予傳食，不要多餘；而沒見到金節則予以徵稅。可見《鄂君啓節》的鑄造目的是實際用於運輸通行及關卡徵驗稅收，這樣看來，目前所發現的三片車節、兩片舟節，據殷滌非、羅長銘先生的研究，兩類金節都可以拼合成五片一組的竹筒形〔註247〕，羅長銘先生認爲各節的弧達到八十多度，無法合成一圓，是製作時原來沒有驗合的要求〔註248〕。但筆者認爲據《鄂君啓節》的使用性質，或可推知，兩類金節的數量，或恐不在少數，用以通關查驗之用。

【斷代及國別】

　　戰國晚期楚器

【相關研究文獻】

　1、殷滌非、羅長銘：〈壽縣出土的"鄂君啓金節"〉，《文物參考資料》1958 年第

〔註246〕朱德熙、李家浩：〈鄂君啓節考釋（八篇）〉，《紀念陳寅恪先生誕辰百年學術論文集》，北京：北京大學出版社，1989 年，頁 68～69。

〔註247〕殷滌非、羅長銘：〈壽縣出土的"鄂君啓金節"〉（《文物參考資料》1958 年第四期（總第九十二期）），頁 8。

〔註248〕羅長銘：〈鄂君啓節新探〉，《羅長銘集》（安徽：黃山書社，1994 年 12 月），頁 77。

四期（總第九十二期），頁 8～11。

2、郭沫若：〈關於"鄂君啓節"的研究〉，《文物參考資料》1958 年第四期（總第九十二期），頁 3～7。

3、譚其驤：〈鄂君啓節銘文釋地〉，《中華文史論叢》第二輯，北京：中華書局，1962 年 11 月，頁 169～190。

4、商承祚：〈鄂君啓節考〉，《文物精華》第二集，北京：文物出版社，1963 年 4 月頁 49～55。

5、于省吾：〈鄂君啓節考釋〉，《考古》1963 年第八期，頁 442～447。

6、黃盛璋：〈關於鄂君啓節地理考證與交通路線的復原問題〉，《中華文史論叢》第五輯，北京：中華書局，1964 年 6 月，頁 143～168。又收入《歷史地理論集》，人民出版社，1982 年 6 月，頁 263～285。

7、譚其驤：〈再論鄂君啓節地理答黃盛璋同志〉，《中華文史論叢》第五輯，北京：中華書局，1964 年 6 月，頁 169～193。

【案】又輯入《長水集（下）》，北京：人民出版社，1987 年 7 月，頁 212～232。

8、商承祚：〈談鄂君啓節銘文中幾個文字和幾個地名等問題〉，《中華文史論叢》第六輯，北京：中華書局，1965 年 8 月，頁 143～158。

【案】又輯入《文史集林》第四輯，台北：木鐸出版社，1981 年 1 月，頁 13～22；曾憲通主編《古文字與漢語史論集》，廣州：中山大學出版社，2002 年 7 月，頁 6～13；《商承祚文集》，廣州：中山大學出版社，2004 年 11 月，頁 416～427。

9、〔日〕船越昭生：〈鄂君啓節について（關於鄂君啓節）〉，《東方學報》第四十三冊，京都大學人文社會科學院，1972 年，頁 55～95。

10、陳蔚松：〈鄂君啓舟節與屈原《哀郢》研究〉，《華中師院學報（哲學社會科學版）》1982 年增刊（總第三十八期），頁 16～35。

【案】又輯入楊昶、陳蔚松等著《出土文獻探頤》，崇文書局，2005 年 6 月，頁 90～125。

11、陳偉：〈《鄂君啓節》之"鄂"地探討〉，《江漢考古》1986 年第二期（總第十九期），頁 88～90。

12、黃盛璋：〈再論鄂君啓節交通路線復原與地理問題〉，《安徽史學》1988 年第二期，頁 16～31。

13、朱德熙：〈鄂君啓節考釋（八篇）〉，《紀念陳寅恪先生誕辰百年學術論文集》，

1989 年，頁 61〜70。

【案】又輯入《朱德熙古文字論集》，北京：中華書局，1995 年 2 月，頁 189〜202。

14、陳偉：〈《鄂君啓節》與楚國的免稅問題〉，《江漢考古》1989 年第三期（總第三十二期），頁 52〜58。

15、周鳳五、林素清《鄂君啓節研究》，【行政院國家科學委員會專題研究計畫成果報告】NSC87-2411-H-002-045，頁 1〜24，1998 年 10 月 30 日。

【器號】23

【器名】鄂君啟車節（二）

【器形及說明】

引自中國社會科學院考古研究所編：《殷周金文集成》（修訂增補本）第八冊，北京：中華書局，2007 年，器號 121111，頁 6603。

【出土地】

1957 年出土於安徽省壽縣東門外丘家花園。〔註 249〕

【典藏地】

現藏中國國家博物館。〔註 250〕

【著錄】

郭沫若：〈關於“鄂君啓節”的研究〉，《文物參考資料》1958 年第四期（總第九十二期），頁 7（二）；頁 9，圖版二。

〔註 249〕 殷滌非、羅長銘：〈壽縣出土的“鄂君啓金節”〉，《文物參考資料》1958 年第四期（總第九十二期），頁 8。當時共出土車節三枚。

〔註 250〕 中國社會科學院考古研究所編：《殷周金文集成》（修訂增補本）第八冊（北京：中華書局，2007 年），頁 6651。按，典藏地中國歷史博物館已於 2003 年與中國革命博物館重組爲中國國家博物館。

中國文化研究所編：《文物精華》第二冊，台北：中國文化研究所，1960 年，頁 16 左；頁 50 左。

于省吾：〈鄂君啓節考釋〉，《考古》1963 年第八期，圖版八。

湯餘惠：〈鄂君啓節〉，《戰國銘文選》，長春：吉林大學出版社，1993 年 9 月，頁 43。

中國社會科學院考古研究所編：《殷周金文集成》（修訂增補本）第八冊，北京：中華書局，2007 年，器號 12110，頁 6601。

【釋文】

大司馬卲（昭）鄱（陽）敗晉帀（師）於襄陵之戠（歲），顕（夏）屎之月，乙亥之日，王尻（居）於蒨郢之遊宮。大攻（工）尹脽台（以）王命＿（命，命）寅（集）尹怨糈、戴尹逆、戴鈑（令）阢，爲鄭（鄂）君啓之寶（府）賸（賸）盥（鑄）金節。車五十乘，戠（歲）罷（一）返。母（毋）載金、革、黽、箭。女（如）馬、女（如）牛、如德（犆），屯十台（以）堂（當）一車；女（如）槍（檐）徒，屯廿＿（二十）槍（檐）台（以）堂（當）一車，台（以）毀於五十乘之中。自鄭（鄂）垄（市），橐（就）昜（陽）垄（丘），橐（就）邡（方）城，橐（就）𤝔（兔）禾，橐（就）栖（柳）焚（棼），橐（就）鯀（繁）昜（陽），橐（就）高垄（丘），橐（就）下郹（蔡），橐（就）居鄭（巢），橐（就）郢。見其金節則母（毋）政（征），（毋）母舍（舒）桴（檮／傳）飤（食），不見其金節則政（征）。

【註釋】

註釋詳參器號 22 鄂君啓車節（一）

【斷代及國別】

戰國晚期楚器

【相關研究文獻】

1、殷滌非、羅長銘：〈壽縣出土的“鄂君啓金節”〉，《文物參考資料》1958 年第四期（總第九十二期），頁 8～11。

2、郭沫若：〈關於“鄂君啓節”的研究〉，《文物參考資料》1958 年第四期（總第九十二期），頁 3～7。

3、譚其驤：〈鄂君啓節銘文釋地〉，《中華文史論叢》第二輯，北京：中華書局，1962 年 11 月，頁 169～190。

4、商承祚：〈鄂君啓節考〉，《文物精華》第二集，北京：文物出版社，1963 年 4

月頁 49～55。

5、于省吾：〈鄂君啓節考釋〉，《考古》1963 年第八期，頁 442～447。

6、黃盛璋：〈關於鄂君啓節地理考證與交通路線的復原問題〉，《中華文史論叢》第五輯，北京：中華書局，1964 年 6 月，頁 143～168。又收入《歷史地理論集》，人民出版社，1982 年 6 月，頁 263～285。

7、譚其驤：〈再論鄂君啓節地理答黃盛璋同志〉，《中華文史論叢》第五輯，北京：中華書局，1964 年 6 月，頁 169～193。

【案】又輯入《長水集（下）》，北京：人民出版社，1987 年 7 月，頁 212～232。

8、商承祚：〈談鄂君啓節銘文中幾個文字和幾個地名等問題〉，《中華文史論叢》第六輯，北京：中華書局，1965 年 8 月，頁 143～158。

【案】又輯入《文史集林》第四輯，台北：木鐸出版社，1981 年 1 月，頁 13～22；曾憲通主編《古文字與漢語史論集》，廣州：中山大學出版社，2002 年 7 月，頁 6～13；《商承祚文集》，廣州：中山大學出版社，2004 年 11 月，頁 416～427。

9、〔日〕船越昭生：〈鄂君啓節について（關於鄂君啓節）〉，《東方學報》第四十三冊，京都大學人文社會科學院，1972 年，頁 55～95。

10、陳蔚松：〈鄂君啓舟節與屈原《哀郢》研究〉，《華中師院學報（哲學社會科學版）》1982 年增刊（總第三十八期），頁 16～35。

【案】又輯入楊昶、陳蔚松等著《出土文獻探頤》，崇文書局，2005 年 6 月，頁 90～125。

11、陳偉：〈《鄂君啓節》之"鄂"地探討〉，《江漢考古》1986 年第二期（總第十九期），頁 88～90。

12、黃盛璋：〈再論鄂君啓節交通路線復原與地理問題〉，《安徽史學》1988 年第二期，頁 16～31。

13、朱德熙：〈鄂君啓節考釋（八篇）〉，《紀念陳寅恪先生誕辰百年學術論文集》，1989 年，頁 61～70。

【案】又輯入《朱德熙古文字論集》，北京：中華書局，1995 年 2 月，頁 189～202。

14、陳偉：〈《鄂君啓節》與楚國的免稅問題〉，《江漢考古》1989 年第三期（總第三十二期），頁 52～58。

15、周鳳五、林素清《鄂君啓節研究》，【行政院國家科學委員會專題研究計畫成果報告】NSC87-2411-H-002-045，頁 1～24，1998 年 10 月 30 日。

【器號】24

【器名】鄂君啟車節（三）

【器形及說明】

引自中國社會科學院考古研究所編：《殷周金文集成》（修訂增補本）第八
冊，北京：中華書局，2007 年，器號 121112，頁 6604。

【出土地】

1957 年出土於安徽省壽縣東門外丘家花園。〔註 251〕

【典藏地】

現藏中國國家博物館。〔註 252〕

【著錄】

郭沫若：〈關於"鄂君啓節"的研究〉，《文物參考資料》1958 年第四期（總第九十二期），頁 7（二）；頁 9，圖版二。

〔註 251〕 殷滌非、羅長銘：〈壽縣出土的"鄂君啓金節"〉，《文物參考資料》1958 年
第四期（總第九十二期），頁 8。當時共出土車節三枚。
〔註 252〕 中國社會科學院考古研究所編：《殷周金文集成》（修訂增補本）第八冊（北
京：中華書局，2007 年），頁 6651。按，典藏地中國歷史博物館已於 2003
年與中國革命博物館重組爲中國國家博物館。

— 147 —

中國文化研究所編：《文物精華》第二冊，台北：中國文化研究所，1960 年，頁 16 左；頁 50 左。
于省吾：〈鄂君啓節考釋〉，《考古》1963 年第八期，圖版八。
湯餘惠：〈鄂君啓節〉，《戰國銘文選》，長春：吉林大學出版社，1993 年 9 月，頁 43。
中國社會科學院考古研究所編：《殷周金文集成》（修訂增補本）第八冊，北京：中華書局，2007 年，器號 12110，頁 6601。

【釋文】

大司馬卲（昭）鄗（陽）敗晉帀（師）於襄陵之哉（歲），顕（夏）屎之月，乙亥之日，王尻（居）於蔵郢之遊宮。大攻（工）尹脽台（以）王命＿（命，命）寚（集）尹怨糖、裁尹逆、裁綅（令）阤，爲鄴（鄂）君啓之寶（府）賺（就）盟（鑄）金節。車五十乘，戡（歲）罷（一）返。母（毋）載金、革、黽、箭。女（如）馬、女（如）牛、如德（犆），屯十台（以）堂（當）一車；女（如）檜（擔）徒，屯廿＿（二十）檜（擔）台（以）堂（當）一車，台（以）毀於五十乘之中。自鄴（鄂）垄（市），棄（就）昜（陽）丘（丘），棄（就）郊（方）城，棄（就）多（兔）禾，棄（就）栖（柳）焚（棼），棄（就）絫（繁）易（陽），棄（就）高丘（丘），棄（就）下郗（蔡），棄（就）居郪（巢），棄（就）郢。見其金節則母（毋）政（征），（毋）母舍（餘）棹（槫／傳）飤（食），不見其金節則政（征）。

【註釋】

註釋詳參器號 22 鄂君啓車節（一）

【斷代及國別】

戰國晚期楚器

【相關研究文獻】

1、殷滌非、羅長銘：〈壽縣出土的“鄂君啓金節”〉，《文物參考資料》1958 年第四期（總第九十二期），頁 8～11。

2、郭沫若：〈關於“鄂君啓節”的研究〉，《文物參考資料》1958 年第四期（總第九十二期），頁 3～7。

3、譚其驤：〈鄂君啓節銘文釋地〉，《中華文史論叢》第二輯，北京：中華書局，1962 年 11 月，頁 169～190。

4、商承祚：〈鄂君啓節考〉，《文物精華》第二集，北京：文物出版社，1963 年 4

月頁 49〜55。

5、于省吾：〈鄂君啓節考釋〉，《考古》1963 年第八期，頁 442〜447。

6、黃盛璋：〈關於鄂君啓節地理考證與交通路線的復原問題〉，《中華文史論叢》
　　第五輯，北京：中華書局，1964 年 6 月，頁 143〜168。又收入《歷史地理論集》，
　　人民出版社，1982 年 6 月，頁 263〜285。

7、譚其驤：〈再論鄂君啓節地理答黃盛璋同志〉，《中華文史論叢》第五輯，北京：
　　中華書局，1964 年 6 月，頁 169〜193。

【案】又輯入《長水集（下）》，北京：人民出版社，1987 年 7 月，頁 212〜232。

8、商承祚：〈談鄂君啓節銘文中幾個文字和幾個地名等問題〉，《中華文史論叢》
　　第六輯，北京：中華書局，1965 年 8 月，頁 143〜158。

【案】又輯入《文史集林》第四輯，台北：木鐸出版社，1981 年 1 月，頁 13〜22；
　　曾憲通主編《古文字與漢語史論集》，廣州：中山大學出版社，2002 年 7 月，
　　頁 6〜13；《商承祚文集》，廣州：中山大學出版社，2004 年 11 月，頁 416〜
　　427。

9、〔日〕船越昭生：〈鄂君啓節について（關於鄂君啓節）〉，《東方學報》第四十
　　三冊，京都大學人文社會科學院，1972 年，頁 55〜95。

10、陳蔚松：〈鄂君啓舟節與屈原《哀郢》研究〉，《華中師院學報（哲學社會科學
　　版）》1982 年增刊（總第三十八期），頁 16〜35。

【案】又輯入楊昶、陳蔚松等著《出土文獻探頤》，崇文書局，2005 年 6 月，頁 90
　　〜125。

11、陳偉：〈《鄂君啓節》之“鄂”地探討〉，《江漢考古》1986 年第二期（總第十九
　　期），頁 88〜90。

12、黃盛璋：〈再論鄂君啓節交通路線復原與地理問題〉，《安徽史學》1988 年第二
　　期，頁 16〜31。

13、朱德熙：〈鄂君啓節考釋（八篇）〉，《紀念陳寅恪先生誕辰百年學術論文集》，
　　1989 年，頁 61〜70。

【案】又輯入《朱德熙古文字論集》，北京：中華書局，1995 年 2 月，頁 189〜202。

14、陳偉：〈《鄂君啓節》與楚國的免稅問題〉，《江漢考古》1989 年第三期（總第三
　　十二期），頁 52〜58。

15、周鳳五、林素清《鄂君啓節研究》，【行政院國家科學委員會專題研究計畫成果
　　報告】NSC87-2411-H-002-045，頁 1〜24，1998 年 10 月 30 日。

【器號】25

【器名】鄂君啟舟節

【器形及說明】

圖版引自安徽省博物館：《安徽省博物館藏青銅器》，上海：上海人民美術
出版社，1987 年 5 月，圖版七九；摹本引自中國社會科學院考古研究所編：
《殷周金文集成》（修訂增補本）第八冊，北京：中華書局，2007 年，器號
12113B，頁 6606。

【出土地】

　　1957 年出土於安徽省壽縣東門外丘家花園。〔註 253〕

【典藏地】

　　現藏中國國家博物館。〔註 254〕

〔註 253〕殷滌非、羅長銘：〈壽縣出土的“鄂君啟金節”〉，《文物參考資料》1958 年
　　　　　第四期（總第九十二期），頁 8。當時共出土舟節一枚，1960 年又發現舟節一
　　　　　枚（參商承祚：〈鄂君啟節考〉，《文物精華》第二集，北京：文物出版社，1963
　　　　　年 4 月，頁 49）。
〔註 254〕中國社會科學院考古研究所編：《殷周金文集成》（修訂增補本）第八冊（北
　　　　　京：中華書局，2007 年），頁 6651。按，典藏地中國歷史博物館已於 2003
　　　　　年與中國革命博物館重組爲中國國家博物館。

【著錄】

《集成》器號	12113
著　　錄	郭沫若:〈關於"鄂君啓節"的研究〉,《文物參考資料》1958 年第四期(總第九十二期),頁 7(一);頁 9,圖版一。
	中國文化研究所編:《文物精華》第二冊,台北:中國文化研究所,1960 年,頁 16 右;頁 50 右。
	于省吾:〈鄂君啓節考釋〉,《考古》1963 年第八期,圖版八左。
	嚴一萍編:〈鄂君𢼸舟節〉,《金文總集》,臺北:藝文印書館,1983 年,器號 7900,頁 4597。
	徐中舒:〈鄂君启節(甲)〉,《殷周金文集錄》,成都:四川人民出版社,1984 年 2 月,器號 874,頁 472。
	安徽省博物館:《安徽省博物館藏青銅器》,上海:上海人民美術出版社,1987 年 5 月,圖版七九右。
	湯餘惠:〈鄂君啓節〉,《戰國銘文選》,長春:吉林大學出版社,1993 年 9 月,頁 43。
	中國社會科學院考古研究所編:《殷周金文集成》,第十八冊,北京:中華書局,1994 年 12 月,器號 12113,頁 358。
	劉彬徽、劉長武:〈鄂君啓節〉,《楚系金文彙編》,武漢:湖北教育出版社,2009 年 5 月,器號 104,頁 394。

【釋文】

大司馬卲(昭)鄔(陽)敗晉帀(師)於襄陵之戴(歲),顕(夏)屎之月,乙亥之日,王尻(居)於葴郢之遊宮。大攻(工)尹脾台(以)王命＝(命,命)寠(集)尹㤙糈、戴尹逆、戴鈒(令)阢,爲鄅(鄂)君啓之寚(府)賸(鑄)盨(鑄)金節。屯三舟爲一舿(舫)＝[1],五十舿(舫),戴(歲)罷(一)返[2]。自鄅(鄂)坖(市),逾油(沽)[3],迣(上)灘(漢)[4],橐(就)肩[5],橐(就)芭昜(陽)[6],逾灘(漢),橐(就)邨[7],逾顕(夏)[8],内邔(郢)[9];逾江,橐(就)彭弤(射)[10],橐(就)松(樅)昜(陽)[11],内濡(瀘)江[12],橐(就)爰陵[13];迣(上)江,内湘[14],橐(就)䠅(𧥻)[15],橐(就)鄉(洮)昜(陽)[16],内灒(耒)[17],橐(就)鄙(郴)[18],内瀕(資)、沅、澧、灊(油)[19];迣(上)江,橐(就)木闌(關)[20],橐(就)郢[21]。見其金節則母(毋)政(征),母(毋)舍㯝(桴/傳)飤(食),不見其金節則政(征)。女(如)載馬、牛、羊台(以)出入闗(關),則政(征)於大寚(府),母(毋)政(征)於闌(關)[22]。

【註釋】

〔1〕「脛」，銘文字形作![字形]，早期學者多釋爲「舿」，但因近年新出材料陸續公布，諸多相關的字形被提出，作整體的釋讀，故又引起學者討論。就字形考釋上，大抵可以整理出五說：一、釋作「舿」，讀作「舸」；二、「從舟從大從塚」讀「鯨」；三、釋作脛讀作鯨；四、釋作「舿」讀作「航」；五、釋作「亢」讀作「航」〔註255〕。筆者認爲諸說的歧異主要在於對字形右旁的釋讀，右旁上部作「大」，諸家無疑義（除第五說將右旁整體釋爲「亢」除外）而右旁下部有釋爲「亏」、「塚」、「主」等說，按，右旁釋「夸」，「夸」從「于」得聲，吳振武、李守奎、陳劍諸位先生對「于」的形體都做出說明〔註256〕，「于」的古文字寫法如李守奎先生所說：「1、"于"上下兩橫等長，"夲"下部是一點，或一短橫。2、"于"只有兩橫，上部從來沒有第三橫。3、從"于"諸字從來沒有"![字形]"這種豎上加點的形體。」因此字形右旁釋「夸」之說需重新考慮，至於右旁下部從「塚」、從「主」之說，在形體上能得到例證，在字義解釋上同樣以從「主」聲出發，因此讀法同樣爲「鯨」，但陳劍先生提出「爲什麼從"主"聲的字其釋讀大多不存在問題，而以"主"爲基本聲符的從"奎"諸字，其釋讀就多成問題了呢？從"奎"諸字既然以"主"爲基本聲符，爲什麼從未看到跟一般的從"主"聲之字發生關係的例子呢？」的疑問，同樣也很值得思考。

而自陳劍先生提出字形右旁釋作「亢」讀作「航」，開始得到不少學者的贊同。但筆者認爲單育辰先生舉出《清華簡·皇門》簡 13 的![字形]字，是很大的啓發，字形從「舟」從「主」聲，這也說明了《舟節》![字形]字右旁應以從「大」從「主」，字形以釋「脛」爲是，至於讀法上來說，則讀「舫」可從之〔註257〕。

〔註255〕詳細的例證和諸家說法可參高佑仁：〈《莊王既成》「航」字構形考察〉，武漢大學簡帛研究中心網站，http://www.bsm.org.cn/show_article.php?id=1273，2010 年 7 月 16 日。

〔註256〕吳振武：〈鄂君啓節"舿"字解〉，《第二屆國際中國古文字學研討會論文集》（香港：香港中文大學中國語言及文學系，1993 年 10 月），頁 277～285；李守奎：〈楚文字考釋獻疑〉，張光裕、黃德寬主編：《古文字學論稿》（合肥：安徽大學出版社，2008 年 4 月），頁 345～347；陳劍：〈試說戰國文字中寫法特殊的"亢"和從"亢"諸字〉，《出土文獻與古文字研究》第三輯，上海：復旦大學出版社，2010 年 7 月，頁 160～161。

〔註257〕單育辰：〈佔畢隨錄之十三〉，復旦大學出土文獻與古文字研究中心網站，http://www.gwz.fudan.edu.cn/SrcShow.asp?Src_ID=1363，2011 年 1 月 8 日。

筆者認爲陳劍先生之說亦理據可從，但 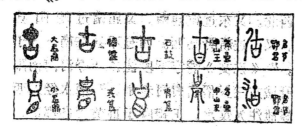與標準的「亢」字作 （《大僕毀》，《集成》，器號 3869），在字形下部有明顯的不同，若要從構形演變上考慮，恐只能以筆畫增繁或增加飾筆來解釋，視爲「亢」的特殊異體、變體〔註 258〕，就文字演變歷程上來看，似需要更多過程的論證。但這樣的「特殊變體」從現有的材料上來看，目前幾見於楚系材料，這是否爲楚系的構形特色，還有待深究。

〔2〕銘文「屯三舟爲一舿（舫）＝，五十舿（舫），戠（歲）䍃（一）返。」和《車節》銘文以「乘」爲單位不同的是，航運的單位是由「舟」爲最小單位，集合三舟而成「舿」，五十舿的額度應要在一年內運行完畢，如筆者在《車節》集釋中對「戠（歲）䍃（一）返」提出的想法，「戠（歲）䍃（一）返」應有在一年內滿足運輸限額後，返回郢都覆命的意思，即達到了當年度的貿易運輸上限後，要返回向中央覆命，水路運輸亦需如此。

〔3〕考之節銘文例，「逾」字當解爲「順流而下」，即沿著該水路順流而下。詳細的說法可參孫劍鳴、陳偉先生所釋〔註 259〕。

油，銘文字形作 ，早年學者釋爲「沽」讀爲「湖」，陳偉先生說：

我們羅列了周代兩字的標本（圖二）。隨著時代的推移，兩字的寫法各各略有演化，而基本結構未變。兩字形體大致類似，卻又存在著明顯的區別。這就是古字上部十字交叉，橫劃長出；由字上部則只有一豎劃，或在豎劃中著一圓筆。雖然古文字的點、橫時有互作，但這兩字卻界限森然，一般未見交叉。大小盂鼎同爲一人之器，中山王䡮方壺兩字並見，寫法各異，是最突出的例證。舟節此字著去

〔註 258〕詳參陳劍：〈試說戰國文字中寫法特殊的“亢”和從“亢”諸字〉，《出土文獻與古文字研究》第三輯，上海：復旦大學出版社，2010 年 7 月，頁 168～169。

〔註 259〕孫劍鳴：〈鄂君啓節續探〉，《安徽省考古學會刊》1982 年第六輯；陳偉：〈《鄂君啓節》之“鄂”地探討〉，《江漢考古》1986 年第二期（總第十九期），頁 89。

義符水旁的形體，與諸冑字所從的由字極爲近似，而與同時的中山王器的冑字所從幾無二致。同時，舟節中也有從古而作的居字，則和常見的古字一樣，也不與舟節此字混淆。因此，舟節此字讀古似不可從，應該改讀爲由。由、育二字，上古韻部爲幽覺對轉，又是喻紐雙聲，可以通假。……《書‧舜典》"教冑子"，《說文》育字下引作'"教育子"；鄭注《周禮‧大司樂》作"教育子"，注《禮記‧王制》作"教冑子"。凡此，是由及從由得聲的字與育字通假之例。

如果讀由爲育，油水即是淯水。〔註260〕

按，陳說甚確，古文字中「油」字如《散盤》作，銘文「至於大油」；《郭店‧語叢四》簡10作，文例爲「不見江沽之水」；《上博（二）‧容成氏》簡26作，文例爲「禹乃通三江五沽」，則上述之「沽」皆讀爲「湖」。

「逾油」之油水即是淯水，即今之白河，流經河南省南陽、新野一帶〔註261〕，則《鄂君啓節》銘文之「鄂」，當是西鄂，在今河南省南陽一帶。

〔4〕「辻」，諸家皆釋「辻」爲「溯流而上」之意，甚確。從字形上來說，「上」字加上「辵」旁做爲義符，強調了「移動」、「行走」的意義〔註262〕。

「灘」，曉母元部；「漢」，透母元部〔註263〕，韻部相同，皆從「莫」得聲。除了《鄂君啓節》，從楚簡的例子來看：

3.25.1 「灘」字字形表

字形				
文例	灘生（廣）之暂（智）	灘生（廣）之暂（智）則暂（智）不可得也	雩（禹）乃從灘以南爲名，浴（谷）五百	灘以北爲名，浴（谷）五百
出處	《上博（一）‧孔子詩論》10	《上博（一）‧孔子詩論》11	《上博（二）‧容成氏》27	《上博（二）‧容成氏》28

〔註260〕陳偉：《〈鄂君啓節〉之"鄂"地探討》，《江漢考古》1986年第二期（總第十九期），頁89～90。

〔註261〕魏嵩山主編：《中國歷史地名大辭典》（廣東：廣東教育出版社，1995年5月），頁298。

〔註262〕林清源師對於古文字「上」加「辵」旁有詳述，見《楚國文字構形演變研究》，台中：東海大學中國文學研究所博士論文，1997年12月，頁86。

〔註263〕郭錫良：《漢字古音手冊》（北京：北京大學出版社，1986年11月），頁186、193。

　　上述四則《上博》楚簡中的「灘」也都讀爲「漢」。故「辻灘」讀爲「辻漢」，意即由漢水溯流而上。

　　〔5〕銘文字形作■，諸家在考釋意見顯得分歧，所得地望之結論自然有異，何琳儀先生針對前說提出討論，認爲字形「應是"厭"之省簡，既不從"冑"，也不從"員"，更不從"者"」〔註264〕。按，從字形上看，「厂」旁下的形體應分■、■二部份，何琳儀先生舉《包山》219簡「厭」字作■，將銘文■視爲橫畫加上飾筆，認爲銘文■爲「厭」的簡省寫法，而可讀爲「陰」。筆者認爲從檢視楚文字中「厭」的寫法■（《包山》219）、■（《新蔡》乙三.42），「厂」旁下有二或三畫飾筆，而何琳儀先生所提出「楚文字"厂"旁所加飾律筆的軌跡：厂→■→■→■」及「厭」字寫法簡省的情況或需更多例證來說明，筆者認爲可將■釋作「冑」，今隸定字形爲「屑」。其確切地望待考。

　　〔6〕銘文作■，字形上從「屮」無疑，下部之隸定有「己」、「巳」、「云」三說，對比《鄂君啓舟節》另一字銘文■右旁，朱德熙、李家浩先生認爲兩字所從的差異在於一爲「用輪廓勾出圓周」；一爲「填實的圓點」，但實際上爲同字，釋作「云」〔註265〕。但就實際字形的觀察上來看，「己」、「巳」、「云」三字的寫法，實有明確的差異。按，考察古文字中「己」的寫法：

3.25.2「己」字字形表

字形	■	■	■	■	■	■
偏旁						■
出處	《甲》2262	《父己鼎》	《包山》31	《陳喜壺》，《集成》卷十五，器號9700	《長信侯鼎》，《集成》卷四，器號2304	《古璽彙編》0766
分域	甲骨	金文	楚系	齊系	三晉系	燕系

〔註264〕何琳儀：〈鄂君啓舟節釋地三則〉，《古文字研究》第二十二輯（北京：中華書局，2000年7月），頁141～142。詳細的説法例證可參《附錄·《鄂君啓舟節》集釋》「舟·5·3—舟·5·4：豪（就）屑」條集釋。

〔註265〕朱德熙、李家浩：〈鄂君啓節考釋（八篇）〉，《紀念陳寅恪先生誕辰百年學術論文集》（北京：北京大學出版社，1989年），頁65；何琳儀：〈鄂君啓舟節釋地三則〉，《古文字研究》第二十二輯（北京：中華書局，2000年7月），頁143。

3.25.3 「巳」字字形表

字形				
出處	《鐵》263.4	《盂鼎》	《包山》207	《叔夷鎛》,《集成》卷一,器號285~8
分域	甲骨	金文	楚系	齊系

字形			
出處	《叔夷鎛》,《集成》卷五,器號2701	《古璽彙編》3340	《陶文彙編》4.146.5
分域	三晉系		燕系

3.25.4 「云」字字形表

字形		霧(含)	園	園	霧(含)
偏旁					
出處	《上博(三)·亙先》4	《郭店·太一生水》2	《信陽·遣策》1	《上博(三)·亙先》9	《古璽彙編》68
分域	楚系				三晉系

　　從上述三個字表考察可以得知,「己」的寫法與「巳」、「云」的寫法差異較遠,而「巳」、「云」兩形的差異則在於「巳」為用輪廓勾出圓周;「云」為填實的圓點墨團,則銘文作 ⟨字⟩ 當以隸定為「芑」為是, ⟨字⟩ 則應釋為「邔」。而「芑昜(陽)」之地望何琳儀先生認為「芑」可讀為「荺」,在今陝西旬陽,意見與朱德熙、李家浩先生考釋字形為「荺」,認為地望位於漢水上游的郇陽,故城在今陝西旬陽縣西北,位於漢水北岸旬河入口處相同〔註266〕。按,就地望的位置來說,「郇陽」的位置與《舟節》銘文上下文例相應,但字形的寫法值得考慮的是「云」,匣母文部、「旬」,邪母眞部,古音較近〔註267〕,則銘文字形何以不直接作「云」而作「巳」?若由「巳」再轉讀為「云」則顯

〔註266〕朱德熙、李家浩:〈鄂君啓節考釋(八篇)〉,《紀念陳寅恪先生誕辰百年學術論文集》,北京:北京大學出版社,1989年,頁65。

〔註267〕郭錫良:《漢字古音手冊》(北京:北京大學出版社,1986年11月),頁246、248。

得迂迴，則筆者認爲「苣昜（陽）」之地望有待細考。

〔7〕銘文 ⿰⿱⿱生㠯邑，隸定爲「郢」，釋讀上主要以讀「黃」，譚其驤、商承祚先生認爲故地在黃棘，在今河南南陽市南（新野縣東北七十里），於漢水北岸；讀「襄」，何琳儀先生認爲地望在其地應在今湖北鐘祥至河陽之間的漢水沿岸，是南路漢水之濱的城邑〔註268〕。以音韻通讀而言，銘文「郢」所從的「生」爲聲符，而「生」，匣母陽部、「黃」，匣母陽部，古音相通〔註269〕，通讀可從。但正如孫劍鳴先生所提出的疑問：「查黃棘在苣陽（襄陽）以北，今河南新野東北。按照《節銘》，舟至苣陽後，即返航南下（"庚苣陽，逾漢"），何以又復北上至遠離漢水的黃棘？而難得其解的是，沂漢水而上時，僅云"庚𤬒，庚苣陽"，返棹歸來，又云"庚郢"，同一漢水，何以去來所庚之地不同？」則「郢」之地望，恐仍有待商榷。

〔8〕郭沫若先生將「顅（夏）」與下二字連讀爲「顅內郎」，實誤，譚其驤先生已指出〔註270〕。而「逾顅（夏）」之「夏」筆者認爲從古夏水之說爲是，但如黃盛璋先生所說「惟夏水古今變遷甚大，面目全變，今已難完全恢復。」〔註271〕其地望大略在湖北省沙市市南分長江東出，經今監利縣北，折東北至今仙桃市東北入漢水〔註272〕。

〔9〕諸家將「內」讀爲「入」，意指轉入支流或較小的水域，可從。

銘文 ⿰㔾阝，考察上表「3.25.2「㔾」字字形表」、「3.25.3「云」字字形表」，銘文應釋爲「邔」，地望之考證有殷滌非讀爲「涢」，指涢水，在今湖北省武漢市漢陽一帶〔註273〕；徐少華認爲「邔」通「郹」，在今湖北省鐘祥縣北境〔註274〕。

〔註268〕譚其驤：〈鄂君啓節銘文釋地〉，《中華文史論叢》第二輯（北京：中華書局，1962年11月），頁173～174；商承祚：〈鄂君啓節考〉，《文物精華》第二集（北京：文物出版社，1963年4月），頁53～54；何琳儀：〈鄂君啓舟節釋地三則〉，《古文字研究》第二十二輯（北京：中華書局，2000年7月），頁143。

〔註269〕相通之例，可參王輝：《古文字通假釋例》（臺北：藝文印書館，1993年4月），頁456。

〔註270〕郭沫若：〈關於"鄂君啓節"的研究〉，《文物參考資料》1958年第四期（總第九十二期），頁4；譚其驤：〈鄂君啓節銘文釋地〉，《中華文史論叢》第二輯（北京：中華書局，1962年11月），頁174。

〔註271〕黃盛璋：〈關於鄂君啓節地理考證與交通路線的復原問題〉，《中華文史論叢》第五輯，北京：中華書局，1964年6月，頁152～153。

〔註272〕魏嵩山主編：《中國歷史地名大辭典》（廣東：廣東教育出版社，1995年5月），頁907。

〔註273〕魏嵩山主編：《中國歷史地名大辭典》（廣東：廣東教育出版社，1995年5月），

　　本段銘文由鄂市起至內沺止，即譚其驤先生所說的「西北線」、黃盛璋先生的「漢江路」、劉和惠先生的「西北路」，雖然在其中幾個地望的釋讀上有所差異，但諸家的共識大致是指由西鄂（河南省南陽市）出發，朝西北展開運輸的航程，最後轉入「沺」，而「沺」的考釋有「湳」、「鄖」二說，分別在湖北省武漢市漢陽一帶及今湖北鐘祥縣北境，今以地望及路線觀之，筆者認為似以釋為「湳」之說可從。

　　〔10〕銘文**𥏘**（𥏸），朱德熙、李家浩考證甚詳，隸定為「𥏘」，釋為「𥎊」，即「射」字〔註275〕，甚確。

　　「矢」字於楚文字作倒矢之形，參之 3.5.3「矢」字字形表：

字形	![矢]	![矢]	![矢]	![侯]	![侯]
偏旁				![矢]	![矢]
出處	《曾侯乙》65	《上博（一）·孔子詩論》22	《上博（二）·容成氏》2	《侯馬》二〇〇：二五	《春成侯壺》，《集成》卷十五，器號 9616
分域	楚系			三晉系	

字形	![侯]	![侯]	![侯]	![疾]	![侯]
偏旁	![矢]	![矢]	![矢]	![矢]	![矢]
出處	《十四年陳侯午敦》，《集成》卷九，器號 4646	《侯少子簋》，《集成》卷八，器號 4152	《鄾侯職戈》，《集成》卷十七，器號 11223	《古璽彙編》2812	《古璽彙編》0323
分域	齊系		燕系		

　　而「彭𥏘」之地望，諸家多釋為「彭澤」，從之，「𥏘」、「澤」通讀之例證可參朱德熙、李家浩先生之考釋，可從。「彭澤」之考證可參黃盛璋先生之說〔註276〕，「彭澤」即彭蠡澤，應如《漢書·地理志》所說為彭澤縣西之鄱陽

頁 955。

〔註274〕徐少華：〈包山楚簡釋地八則〉，《中國歷史地理論叢》1996 年第四期，頁 99～100。

〔註275〕朱德熙、李家浩：〈鄂君啟節考釋（八篇）〉，《紀念陳寅恪先生誕辰百年學術論文集》（北京：北京大學出版社，1989 年），頁 65～66。

〔註276〕黃盛璋：〈關於鄂君啟節地理考證與交通路線的復原問題〉，《中華文史論叢》

湖即今之鄱陽湖。現今之地望在江西省湖口市一帶〔註277〕。

　　〔11〕譚其驤先生讀「松易（陽）」爲「樅陽」，在今安徽省樅陽縣〔註278〕，可從。「松」，邪母東部；「樅」，清母東部〔註279〕，音近可通。

　　〔12〕銘文[image]，諸家隸定有「澮」、「潕」兩說，揆之銘文原器照片與商承祚先生摹本作[image]，字形右旁上部的寫法明顯不同，依摹本當是誤釋爲「澮」之因，這點劉和惠、孫劍鳴、黃盛璋等幾位先生都有論及，釋爲「澮」實不可從。而銘文字形左從「水」旁無疑，而右旁的寫法可視爲三個構件，上從「虍」中從「目」下從「冃」，與上部所從「虍」作[image]相似的寫法又可見[image]（虖，《郭店・語叢一》60），而「膚」字單字則可見於上博楚簡作[image]（《上博（二）・魯邦大旱》4），則銘文釋爲「潕」無疑。而古膚、盧同字之例可參《信陽・遣策》簡 14 有「二[image]」之詞，字形釋爲「膚」，而依簡文文例及遣策之性質，則「膚」當讀爲「盧」，簡文「二盧」即爲「二爐」。

　　回到《舟節》銘文來說，「潕水」地望有二兩說主之，一是譚其驤先生釋爲「盧江」，爲今安徽盧江、桐城、樅陽三縣境內的白兔河；一是黃盛璋先生釋爲「盧江」，爲淮水最早之名，即是青弋江〔註280〕。筆者從譚其驤先生之說，其地望與上銘文「松易（陽）」得以銜接。

　　〔13〕銘文「爰陵」姚漢源先生釋爲《漢志》豫章郡的「歷陵」，地望在今江西省鄱陽縣西；郭沫若先生疑爲江西省南昌；黃盛璋先生先疑在今江蘇省淮安附近，後認爲「爰陵」讀爲「宛陵」，仍爲青弋江所流經，但非必如傳統說法即宣城縣城，亦必在其附近；譚其驤先生認爲疑即《水經注》（《名勝志》引）中的團亭，在今桐城縣東南六十里。唐宋後有團亨湖，見《括地志》、《太平寰宇記》；據《清統志》引舊志，其水出白兔河，達樅陽，知爲古代"盧

　　　　第五輯，北京：中華書局，1964 年 6 月，頁 153～154。
〔註277〕魏嵩山主編：《中國歷史地名大辭典》（廣東：廣東教育出版社，1995 年 5 月），頁 1094。
〔註278〕譚其驤：〈鄂君啓節銘文釋地〉，《中華文史論叢》第二輯（北京：中華書局，1962 年 11 月），頁 176。
〔註279〕郭錫良：《漢字古音手冊》（北京：北京大學出版社，1986 年 11 月），頁 287；286。
〔註280〕譚其驤：〈鄂君啓節銘文釋地〉，《中華文史論叢》第二輯（北京：中華書局，1962 年 11 月），頁 176～177；黃盛璋：〈再論鄂君啓節交通路線復原與地理問題〉，《安徽史學》1988 年第二期，頁 20～21。

江"所經。〔註281〕。按，筆者認爲「爰陵」讀爲「宛陵」可從，其地望則從譚其驤先生之說，在今安徽省桐城縣附近。

〔14〕郭沫若先生認爲由長江主幹航路折入較小的湘水〔註282〕，確是。湘水在今湖南省境內。

〔15〕銘文 ![字形]，諸家隸定有商承祚、譚其驤等隸定「䑑」；熊傳新、何光嶽隸定「䑓」；殷滌非隸定「䑦」；郭沫若、于省吾、孫劍鳴等隸定「睬」；朱德熙、李家浩等隸定「䁹」，何琳儀先生論之甚詳，可參〔註283〕。字形左旁從「見」，右旁下半從「木」甚明，右旁上半隸定歧異較多，考之從「世」之寫法：

3.25.5「世」字字形表

字形	![字形1]	![字形2]	![字形3]	![字形4]	![字形5]
偏旁		![偏旁2]	![偏旁3]		![偏旁5]
出處	《郭店・唐虞之道》3	《包山》129	《十四年陳侯午敦》，《集成》卷九，器號4646	《邵黛鐘》，《集成》卷一，器號	《中山王譽壺》，《集成》卷十五，器號9735
分域	楚系		齊系	三晉系	

參上表則《舟節》銘文右旁上半隸定爲「世」，字形則隸定爲「䑑」。而其地望考察諸家之說，譚其驤先生認爲是錫口戍，在今湘陰縣南湘水西岸濠河口與喬口之間；熊傳新、何光岳先生以「䑑」與「渫」音同，應讀爲「仙」，右旁「枼」有「薄」義，左從「貝」有金屬、貨幣之意，則「䑑」是訓意爲薄的貨幣，其地望應是當時鑄造金屬貨幣而聞名，今湘江下游，距現長沙只有幾十里的望城縣的銅官鎮〔註284〕。按，譚說於字形音義上皆無據，不可從。

〔註281〕郭沫若：〈關於"鄂君啓節"的研究〉，《文物參考資料》1958 年第四期（總第九十二期），頁 4；黃盛璋：〈關於鄂君啓節地理考證與交通路線的復原問題〉，《中華文史論叢》第五輯，北京：中華書局，1964 年 6 月，頁 153；譚其驤：〈鄂君啓節銘文釋地〉，《中華文史論叢》第二輯（北京：中華書局，1962 年 11 月），頁 177。

〔註282〕郭沫若：〈關於"鄂君啓節"的研究〉，《文物參考資料》1958 年第四期（總第九十二期），頁 4。

〔註283〕參何琳儀：〈鄂君啓舟節釋地三則〉，《古文字研究》第二十二輯，北京：中華書局，2000 年 7 月，頁 143～144。

〔註284〕譚其驤：〈鄂君啓節銘文釋地〉，《中華文史論叢》第二輯，北京：中華書局，

熊、何之說釋義迂曲，且左旁並不從「貝」，而是從「見」，其說不可從。何琳儀先生說：

> "韘"從"世"得聲，（均屬舌音，由月部轉入盍部。）與"折"聲系可通。《漢書・禮樂志》"體容與，迣萬里"。注："孟康曰，迣音逝。如淳曰，迣，超逾也。晉灼曰，古迾字。師古曰，孟音非也。迣讀與屬同，言能屬渡萬里也。"錢大昕曰"晉讀迣爲迾，雖據《說文》，卻于文義未協。迣當讀如遰鴻雁之遰。言去之遠也。孟、如二說近之"。其實錢氏所謂"遰"亦"逝"之異文。《集韻》"逝，往也。或作遰"。總之，"迣"、"逝"、"遰"均屬月部，自可通假，與從"世"得聲之"韘"例亦音近。故舟節"韘"疑讀"誓"。
> 檢《水經・湘水注》："又右逕臨湘縣故城西……湘水左合誓口，又北得石槨口，並湘浦也。"其中"誓"在今湖南長沙西北六十五里湘江東岸（疑即"誓港市"）。古代此地乃舟船由長江進入湘江將近長沙的重要港口，故設關卡以征過往船隻之稅。
> 舟節"韘"讀"誓"，是西南路湘江之濱的城邑。

何琳儀先生之說，筆者從之，則「韘」讀「誓」，是西南路湘江之濱的城邑。

〔16〕銘文作 （），諸家隸定有「溯」、「邠」兩說，考「兆」、「涉」二字之形，于省吾先生以卜辭中 爲「兆」字初文，而《金文編》以 、 列於「姚」字頭下，則 、 從水從步，即涉或兆之變體〔註285〕。則于先生認爲「兆」和「涉」爲分立之二字。何琳儀先生認爲涉與兆一字之分化，涉，禪紐，古讀定紐；兆，定紐。戰國文字承襲金文，其演變序列爲：→→→→→→〔註286〕。裘錫圭先生認爲古文字中從「兆」聲的字有寫作「涉」之例，如卜辭中的「姚」、楚簡中的「逃」、《郭店・老子》中借爲「兆」的「菽」和借爲「盜」的「覜」，皆因「兆」、「涉」古音相近，「兆」是定母宵部字；「涉」是禪母葉部字，葉部是談部的入聲。按照宵談對轉說，「兆」和「涉」是聲母極爲相近、韻母有嚴格的陰入對轉關係的字，所以二

　　　1962 年 11 月，頁 178；熊傳新、何光岳：〈鄂君啓節舟節中江湘地名新考〉，《湖南師院學報（哲學社會科學版）》1982 年第三期，頁 87～89。
〔註285〕于省吾：《雙劍誃殷契駢枝三編・釋兆》（臺北：藝文印書館，1975 年 11 月），頁 6，總頁 16。
〔註286〕何琳儀：《戰國古文字典》（北京：中華書局，1998 年 9 月），頁 312。

者作爲聲旁可以通用〔註287〕。據裘先生的意見，「兆」和「涉」仍爲一字之分化。季旭昇師認爲「兆」形甲骨從二「止」涉「水」，即後世「涉」之本字，涉、兆聲母都屬舌頭音，韻則爲宵葉對轉，先秦古音宵談兩部本有對轉的現象，《汗簡》上一‧六「兆」字作「」，也可證「兆」即「涉」〔註288〕。沈培先生以《覞公簋》中字的例子，認爲「兆」字的演變如：，而楚文字「兆」字的演變如：，而與「涉」的寫法混同了〔註289〕。據沈培先生的意見，「兆」和「涉」是不同的二字。筆者認爲考察諸家的說法，以目前所見的材料來看，「兆」和「涉」應是一字的分化，至於音讀上的關係，裘先生的看法甚確。而進一步考察楚文字中「涉」字的寫法：

3.25.6「涉」字字形表

字形				
出處	《楚帛書‧甲篇》3.24	《郭店‧老子甲》8	《上博（一）‧孔子詩論》29	《上博（三）‧周易》2

上表「涉」字上下從「止」，中間從「水」，與銘文從的寫法相合，當以釋「兆」爲是，則銘文隸定成「邶」。其地望商承祚、譚其驤先生認爲邶陽即漢代的洮陽縣，故治位於湘水上游洮水北岸。洮水，即今廣西全縣北黃沙河。其說可從。

〔17〕銘文，隸定作「灅」。「雷」，古文字作下述等形：

3.25.7「雷」字字形表

字形						
出處	《粹》1570	《前》3.19.3	《父乙罍》	《盠駒尊》	《包山》174	《洹子孟姜壺》，《集成》卷十五，器號9729
分域	甲骨		金文		楚系	齊系

〔註287〕裘錫圭：〈從殷墟卜辭的「王占曰」說到上古漢語的宵談對轉〉，《中國語文》2002年第一期（總第二八六期），頁72。

〔註288〕季師旭昇：《說文新證》（上冊）（臺北：藝文印書館，2004年10月，頁239。

〔註289〕沈培：〈從西周金文"姚"字的寫法看楚文字"兆"字的來源〉，武漢大學簡帛研究中心網站，http://www.bsm.org.cn/show_article.php?id=552，2007年4月21日。

　　又雷之《說文》古文作 ，故銘文右旁從「畾」，應釋爲「雷」，則銘文隸定爲「灅」，即是「潀」字。譚其驤、商承祚、于省吾三家認爲「潀」可讀「耒」，爲湘水支流耒水，地望應在今湘江附近的支流，深入湖南的南部〔註290〕。

　　〔18〕銘文 諸家隸定有「鄙」、「郜」兩說，考察「啚」、「㐭」兩字的古文字寫法：

3.25.8「㐭」字字形表

字形		稟	嗇	稟	稟
偏旁					
出處	《甲》574	《召伯簋》	《新蔡・甲一》12	《古璽彙編》319	《左稟戈》,《集成》卷十七,器號10930
分域	甲骨	金文	楚系	齊系	齊系

字形		
出處	《古璽彙編》324	《鐵斧範》,《集成》卷十八,器號11784
分域	三晉系	燕系

3.25.9「啚」字字形表

字形			
出處	《佚》61	《康侯啚簋》	《綸鎛》,《集成》卷一,器號271.2-5
分域	甲骨	金文	齊系

　　參上兩表，甲金文「啚」字上部有口形，「㐭」字則無，戰國文字「啚」字較爲少見，但「㐭」又有增加義符「禾」、「米」的寫法，對比字形可知銘文應釋爲「郜」。「郜」，黃盛璋先生讀爲「郴」，楚漢相爭時已有郴縣，而郴縣於

〔註290〕譚其驤：〈鄂君啓節銘文釋地〉,《中華文史論叢》第二輯，北京：中華書局，1962年11月，頁178；商承祚：〈鄂君啓節考〉,《文物精華》第二集，北京：文物出版社，1963年4月，頁54；于省吾：〈鄂君啓節考釋〉,《考古》1963年第八期，頁444。

在耒水上游，有郴水，爲耒水所出，而郴縣是耒水流域最重要也是航程最遠之終點〔註291〕。筆者認爲黃說可從，其地望在今湖南省郴州市一帶〔註292〕。

〔19〕銘文，字形下部從「水」橫置，上部左從「肉」，右所從諸家隸定爲「次」，考察戰國文字中從「欠」旁或「次」的寫法：

3.25.10「欠」旁及「次」字形表

字形	欠	次	欽	歀	歈
偏旁			欠	次	欠
出處	《甲》3729	《史次鼎》	《包山》142	《包山》168	《魯大司徒元盂》，《集成》卷十六，器號 10316
分域	甲骨	金文	楚系		齊系

字形	歊	欰
偏旁	欠	欠
出處	《古璽彙編》1883	《侯馬》一五六：四
分域	三晉系	

考上表諸字的寫法，「欠」甲金文即像側身張口之人形，「次」口旁兩點畫其義未詳，戰國文字各系的寫法「欠」、「次」呈側身張口之人形甚明，值得注意的是楚系的構形有人身上部與下部斷開的寫法，如上舉（《包山》142）、（《包山》168），對比與銘文則銘文字形隸定爲「淽」爲確。諸家「淽」讀爲「資」，可從。即今之資水。

銘文，諸家隸定多異，朱德熙、李家浩先生舉戰國文字「絲」字爲證〔註293〕。按，「絲」字作下述諸形：

<hr />

〔註291〕黃盛璋：〈再論鄂君啓節交通路線復原與地理問題〉，《安徽史學》1988 年第二期，頁 24～26。

〔註292〕魏嵩山主編：《中國歷史地名大辭典》（廣東：廣東教育出版社，1995 年 5 月），頁 881。

〔註293〕朱德熙、李家浩：〈鄂君啓節考釋（八篇）〉，《紀念陳寅恪先生誕辰百年學術論文集》（北京：北京大學出版社，1989 年），頁 67。

3.25.11「繇」字字形表

字形					
出處	《包山》149	《郭店・窮達以時》6	《曾侯乙》61	《陶文圖錄》2.99.3	《陶文圖錄》2.105.1
分域	楚系			齊系	

　　銘文字形應隸定爲「繇」，在地望考證上譚其驤先生最早即釋爲《漢書・地理志》南郡高成下之繇水，即《水經・江水・油水篇》之油水；其水源出漢孱陵縣（故治在今公安縣西南）西界白石山，東過縣北，至漢華容縣界公安城（今公安縣西北古油口）西北入江，全長五百里〔註294〕。但此說早期因字形、音讀上沒有依據，故有學者疑之。現字形釋爲「繇」，讀爲「繇」、「油」皆無疑義，故「繇」釋爲「油」即油水，地望在今湖北省公安縣北入長江〔註295〕。

　　本段航路「辻（上）江」，由長江溯流而上，最末「內湆（資）、沅、澧、繇（油）」即承上文「郴（郴）水」再入「濱（資）、沅、澧、繇（油）」四條較小的支流流域。航程包括了湖南、湖北一帶的廣大區域，甚至到達廣西省一帶（「郴（洮）易（陽）」之地望在廣西一帶）劉和惠先生言此段爲西南路，陳偉先生言此一段航路促進自然資源的採集與開發，是很有道理的。

　　〔20〕諸家以木關之地望當於郢都紀南城附近，而有沙市可能爲今之江陵之說，如譚其驤、商承祚先生之說〔註296〕；爲穆陵關，而穆陵可寫作木陵，簡稱爲木關，如黃盛璋先生之說〔註297〕；木關爲今湖北省利監縣車木灣一帶，如熊傳新、何光岳先生之說〔註298〕。但上述諸說勢必要成立在楚郢都爲紀南城，即今湖北省江陵縣之上，或有學者認爲郢都在湖北省宜城縣〔註299〕，二

〔註294〕譚其驤：〈鄂君啓節銘文釋地〉，《中華文史論叢》第二輯，北京：中華書局，1962年11月，頁179～180。

〔註295〕魏嵩山主編：《中國歷史地名大辭典》（廣東：廣東教育出版社，1995年5月），頁703。

〔註296〕譚其驤：〈鄂君啓節銘文釋地〉，《中華文史論叢》第二輯，北京：中華書局，1962年11月，頁180。商承祚：〈鄂君啓節考〉，《文物精華》第二集，北京：文物出版社，1963年4月，頁54。

〔註297〕黃盛璋：〈關於鄂君啓節地理考證與交通路線的復原問題〉，《中華文史論叢》第五輯（北京：中華書局，1964年6月），頁155～156。

〔註298〕熊傳新、何光岳：〈鄂君啓節舟節中江湘地名新考〉，《湖南師院學報（哲學社會科學版）》1982年第三期，頁90。

〔註299〕如石泉撰寫一系列論文來證成此說，有〈齊梁以前古沮、漳源流新探〉、〈古

說都有一定的道理，無論郢都地望於紀南城或宜城，對「木關」之考證仍無確證，正如劉和惠先生所說，大略能推定在今之江陵以南江岸邊〔註300〕。

〔21〕此「郢」於紀南城、宜城兩說難定，但其地望不脫湖北省東南一帶。

此段航程由長江溯流而上，到「木關」後最後到達郢都，此路譚其驤先生稱「西南路」即黃盛璋先生「沿江西出與北上之道」，而劉和惠先生稱「西路」。

〔22〕銘文「女（如）載馬、牛、羊台（以）出入鄦（關），則政（征）於大賓（府），母（毋）政（征）於鄦（關）」本段銘文是針對航運運輸貨物的相關規定，「馬、牛、羊」一類的牲畜特別提出說明徵稅的規定，如陳偉先生所引述之學者推測「這是因為南方馬牛羊比北方少，把北方的大牲畜販賣到南方去，當可獲厚利。故而舟節不准免稅，以分其利。」自然有其道理，若不針對南北物產的差異而論，「馬、牛、羊」自古既可為往來運輸之駄獸，也可為食用，不論是在實用角度或經濟效益方面，都可知為何《鄂君啓節》中要對其徵稅方式另外做出規定，其稅收不為地方的關卡所有，而是繳納給「大府」，「大府」於楚器多見，為楚國官制之一，為治藏貨賄之所。

【斷代及國別】

戰國晚期楚器

【相關研究文獻】

1、殷滌非、羅長銘：〈壽縣出土的“鄂君啓金節”〉，《文物參考資料》1958 年第四期（總第九十二期），頁 8～11。

2、郭沫若：〈關於“鄂君啓節”的研究〉，《文物參考資料》1958 年第四期（總第九十二期），頁 3～7。

3、譚其驤：〈鄂君啓節銘文釋地〉，《中華文史論叢》第二輯，北京：中華書局，1962 年 11 月，頁 169～190。

4、商承祚：〈鄂君啓節考〉，《文物精華》第二集，北京：文物出版社，1963 年 4 月頁 49～55。

5、于省吾：〈鄂君啓節考釋〉，《考古》1963 年第八期，頁 442～447。

6、黃盛璋：〈關於鄂君啓節地理考證與交通路線的復原問題〉，《中華文史論叢》

竟陵城故址新探〉、〈雲杜、綠林故址新探〉、〈先秦至漢初古「雲夢」地望探源〉、〈楚郢都、秦漢至齊梁江陵城故址新探〉等文，收入《古代荊楚地理新探（增訂本）》，台中：高文出版社，2004 年 5 月。

〔註300〕劉和惠：〈鄂君啓節新探〉，《考古與文物》1982 年第五期，頁 63。

　　　第五輯，北京：中華書局，1964 年 6 月，頁 143～168。又收入《歷史地理論集》，
　　　人民出版社，1982 年 6 月，頁 263～285。

7、譚其驤：〈再論鄂君啓節地理答黃盛璋同志〉，《中華文史論叢》第五輯，北京：
　　　中華書局，1964 年 6 月，頁 169～193。

【案】又輯入《長水集（下）》，北京：人民出版社，1987 年 7 月，頁 212～232。

8、商承祚：〈談鄂君啓節銘文中幾個文字和幾個地名等問題〉，《中華文史論叢》
　　　第六輯，北京：中華書局，1965 年 8 月，頁 143～158。

【案】又輯入《文史集林》第四輯，台北：木鐸出版社，1981 年 1 月，頁 13～22；
　　　曾憲通主編《古文字與漢語史論集》，廣州：中山大學出版社，2002 年 7 月，
　　　頁 6～13；《商承祚文集》，廣州：中山大學出版社，2004 年 11 月，頁 416～
　　　427。

9、〔日〕船越昭生：〈鄂君啓節について（關於鄂君啓節）〉，《東方學報》第四十
　　　三冊，京都大學人文社會科學院，1972 年，頁 55～95。

10、陳蔚松：〈鄂君啓舟節與屈原《哀郢》研究〉，《華中師院學報（哲學社會科學
　　　版）》1982 年增刊（總第三十八期），頁 16～35。

【案】又輯入楊昶、陳蔚松等著《出土文獻探頤》，崇文書局，2005 年 6 月，頁 90
　　　～125。

11、陳偉：〈《鄂君啓節》之 "鄂" 地探討〉，《江漢考古》1986 年第二期（總第十九
　　　期），頁 88～90。

12、黃盛璋：〈再論鄂君啓節交通路線復原與地理問題〉，《安徽史學》1988 年第二
　　　期，頁 16～31。

13、朱德熙：〈鄂君啓節考釋（八篇）〉，《紀念陳寅恪先生誕辰百年學術論文集》，
　　　1989 年，頁 61～70。

【案】又輯入《朱德熙古文字論集》，北京：中華書局，1995 年 2 月，頁 189～202。

14、陳偉：〈《鄂君啓節》與楚國的免稅問題〉，《江漢考古》1989 年第三期（總第三
　　　十二期），頁 52～58。

15、周鳳五、林素清《鄂君啓節研究》，【行政院國家科學委員會專題研究計畫成果
　　　報告】NSC87-2411-H-002-045，頁 1～24，1998 年 10 月 30 日。